OS EXPLORADORES
DE HITLER

Javier Martínez-Pinna

OS EXPLORADORES DE HITLER

Heinrich Himmler, a SS-Ahnenerbe e a
Busca Insana pelas Origens da Raça Ariana

Tradução
Gilson César Cardoso de Sousa

Editora
Cultrix
SÃO PAULO

Título do original: *Los Exploradores de Hitler – SS-Ahnenerbe.*
Copyright © 2017 Ediciones Nowtilus S.L. Madrid, Spain – www.nowtilus.com
Copyright do texto © 2017 Javier Martínez-Pinna López.
Copyright da edição brasileira © 2022 Editora Pensamento-Cultrix Ltda.
1ª edição 2022.

Todos os direitos reservados. Nenhuma parte desta obra pode ser reproduzida ou usada de qualquer forma ou por qualquer meio, eletrônico ou mecânico, inclusive fotocópias, gravações ou sistema de armazenamento em banco de dados, sem permissão por escrito, exceto nos casos de trechos curtos citados em resenhas críticas ou artigos de revistas.

A Editora Cultrix não se responsabiliza por eventuais mudanças ocorridas nos endereços convencionais ou eletrônicos citados neste livro.

Editor: Adilson Silva Ramachandra

Gerente editorial: Roseli de S. Ferraz

Gerente de produção editorial: Indiara Faria Kayo

Editoração eletrônica: Ponto Inicial Design Gráfico

Revisão: Luciane H. Gomide

Dados Internacionais de Catalogação na Publicação (CIP)
(Câmara Brasileira do Livro, SP, Brasil)

Martínez-Pinna, Javier
    Os exploradores de Hitler : Heinrich Himmler, a SS-Ahnenerbe e a busca insana pelas origens da raça ariana / Javier Martínez-Pinna ; tradução Gilson César Cardoso de Sousa. -- São Paulo : Editora Seoman, 2022.

    Título original: Los exploradores de Hitler : SS-Ahnenerbe
    Bibliografia.
    ISBN 978-65-87143-21-7

    1. Ahnenerbe (Instituto) 2. Alemanha - História - 1933-1945 3. Eugenia - Alemanha - História - Século 20 4. Expedições científicas - Século 20 5. Nacional socialismo e arqueologia - Alemanha - História - Século 20 I. Título.

21-96062   CDD-910.408609

Índices para catálogo sistemático:

1. Expedições científicas : Alemanha : História 910.408609

Cibele Maria Dias - Bibliotecária - CRB-8/9427

Direitos de tradução para o Brasil adquiridos com exclusividade pela
EDITORA PENSAMENTO-CULTRIX LTDA., que se reserva a
propriedade literária desta tradução.
Rua Dr. Mário Vicente, 368 — 04270-000 — São Paulo, SP
Fone: (11) 2066-9000
http://www.editoracultrix.com.br
E-mail: atendimento@editoracultrix.com.br
Foi feito o depósito legal.

A minhas filhas Sofía e Elena.

Sumário

Prólogo I 9

Prólogo II 15

Introdução 19

Capítulo 1. Em Busca de Agartha e Shambhala. A Origem
da Raça Ariana 27
Ernst Schäfer, o Herói da Alemanha Nazista 27
Uma Viagem ao Fim do Mundo 32

Capítulo 2. As Origens Ocultas do Terceiro Reich 45
Ahnenerbe, a Sociedade de Estudos de Pré-história
Intelectual e Herança Ancestral Alemã 45
A Sociedade Thule 53

Capítulo 3. Em Busca dos Vestígios de um Mundo Perdido 59
A Atlântida, Lar dos Arianos 59
A Expedição de Wirth 68

Capítulo 4. Uma Odisseia no Altiplano Boliviano 73
A Doutrina do Gelo Universal ou Cosmogonia Glacial 73
Na Cidade Mágica de Tiahuanaco 76

Capítulo 5. Objetos de Poder. A Busca do Domínio Mundial 83
O Crânio do Destino 83
O Martelo de Thor 89
A Pedra do Destino 93
A Espada da Turíngia 97
A Lança do Destino 102
Operação Trombetas de Jericó 118

Capítulo 6. O Terceiro Reich e a Busca do Cálice Sagrado 125
    Nasce uma Lenda 125
    A Pista Está no Sul da França 132
    A Cruzada de Otto Rahn 141
    A Guarda Negra na Espanha 149
    A Montanha Mágica de Montserrat 156
    A Operação Skorzeny 160

Capítulo 7. Os Tesouros Ocultos do Terceiro Reich 165
    A Derrota da Alemanha 165
    O Segredo do Lago Toplitz 171
    Os Tesouros Malditos da SS 179
    O Estranho Caso de Erich Heberlein 186
    Wilhelm Gustloff, o *Titanic* Nazista 188

Capítulo 8. O Salão de Âmbar e os Grandes Tesouros da Segunda
Guerra Mundial 191
    O Orgulho da Rússia Czarista 191
    Inicia-se a Busca 197
    Perseguindo um Sonho 203
    O Tesouro do Lago Baikal 209
    O Tesouro do General Yamashita 214

Capítulo 9. Em Busca do Tesouro Visigodo 219
    A Destruição do Templo de Jerusalém 219
    "Intrabis in Urbem." A queda de Roma. 226
    A Tumba Perdida de Alarico, o Velho 229

Capítulo 10. Nazistas nas Canárias 233
    Operação Vila Winter 233
    A Origem Ariana dos Guanches 235
    O Enigma do Despenhadeiro de Badajoz 240

Epílogo 245

Bibliografia 251

Agradecimentos 255

Prólogo I

O mundo está cheio de tesouros por descobrir. O autor do livro que estão começando a ler sabe disso muito bem: ele é um digno sucessor de Robert Charroux, o escritor francês que nos deu uma obra maravilhosa intitulada *Trésors du monde* [Tesouros do Mundo] (1962) e fundou o Clube Internacional de Caçadores de Tesouros. Javier Martínez-Pinna é um especialista em tesouros e a eles dedicou boa parte de sua extensa obra: seu primeiro livro, *El nombre de Dios* [O Nome de Deus], tratou do mistério da Mesa de Salomão; o terceiro, *Operación trompetas de Jericó* [Operação Trombetas de Jericó], da Arca da Aliança; e, entre os dois, publicou um trabalho essencial sobre esse tema: *Grandes tesoros ocultos* [Grandes Tesouros Ocultos], uma formidável e exaustiva compilação em que percorria a história de muitos dos grandes tesouros ainda não encontrados da história. Ele sabe o que diz. Portanto, caros leitores, vocês fizeram bem em adquirir este livro e começar a lê-lo. Posso garantir-lhes que poucas pessoas como o autor teriam condições de enfrentar o desafio de escrever sobre as estranhas buscas dos nazistas e a obsessão que revelaram por alguns desses tesouros perdidos.

Não é nada fácil fazer o que Javier fez. A vertente arqueológica do nazismo e a ânsia com que procuraram determinados objetos já foram examinadas em dezenas de livros, mas quase sempre do ponto de vista tendencioso e sensacionalista de quem, lamentavelmente, se interessa mais por vender mistérios do que por esclarecê-los. Não é o que acontece aqui. O autor desta obra é historiador e, como tal, sabe que a História (com H maiúsculo) deve ser estudada com respeito, rigor e minúcia. Só assim se pode chegar a conclusões e opiniões válidas e racionais.

Repito: vocês fizeram bem.

Não quero detê-los por muito tempo, pois o importante mesmo é o que Javier vai contar a seguir. Entretanto, se me permitem, vou aventar uma reflexão à queima-roupa que, a meu ver, todos devemos fazer sobre o curioso fenômeno do nazismo e a estranha aposta no irracional por um regime que, convém lembrar, teve êxito não faz muito tempo. Explico-me: apesar da revolução racional do Iluminismo, cuja consequência direta foi a perseguição cada vez mais dura, desapiedada e cruel aos deuses e seus mundos na confluência da imaginação e da lenda; apesar do tremendo avanço das ciências positivas durante os últimos três ou quatro séculos, a batalha épica entre a fé e a razão não terminou, como muitos ateus e iludidos pensaram. Sim, no início do século XX parecia que os avanços exponenciais da ciência iriam, enfim, banir as superstições e que o Logos venceria o mito de uma vez por todas. Mas algo aconteceu...

Como acreditar que, na Alemanha dos anos 1930 e 1940, durante o famigerado Terceiro Reich, Hitler e seus sequazes envidariam grandes esforços para descobrir e resgatar do esquecimento alguns objetos míticos como a Arca da Aliança, o Santo Graal ou a Lança Sagrada?[1] Acaso não estamos falando do mesmo país no qual, apenas uns anos antes, Albert Einstein havia formulado nossos conceitos sobre aquilo que acreditávamos ser a realidade, o tempo e a matéria? Não foi ali que outro cientista, Max Planck, realizou uma série de descobertas alucinantes que dariam origem à famosa – e tão em moda – física quântica? Sim, foi nesse mesmo

---

1 Também conhecida como Lança de Longino ou *Lança do Destino*. (N. do T.)

país, senhoras e senhores, na Alemanha, onde várias décadas antes um filósofo bigodudo e um pouco maluco questionou Deus e nos deixou sozinhos. Ali, na Alemanha, não faz mais que oitenta anos, investiram-se imensas quantidades de dinheiro para procurar as citadas relíquias religiosas. O que aconteceu, então?

Um alemão chamado Otto Rahn andou procurando o Santo Graal pelas terras do Languedoque, convencido de que os virtuosos cátaros o haviam escondido em alguma caverna perdida antes de ser exterminados pelos bárbaros cruzados católicos. O próprio Heinrich Himmler, segundo contam, perguntou pelo Graal no mosteiro de Montserrat, para assombro do padre Ripoll, que não o levou muito a sério. Como explicar isso?

Goya já havia dito um século antes: "O sono da razão engendra monstros". Talvez seja esse o caso. Talvez o que aconteceu na Alemanha nazista tenha muito a ver com uma necessidade ancestral do ser humano ignorada por quem pensava que Deus, o além, os mitos e o transcendente não eram mais necessários. Esse vazio emocional, esse déficit, deixou órfãos aqueles que queriam acreditar e se preencheu na Alemanha com várias loucuras irracionais protagonizadas por um terrível Estado autoritário que, enquanto perseguia os judeus por considerá-los uma raça inferior, procurava objetos de poder relacionados precisamente com os mitos desse povo. É, pois, surpreendente que a própria Ahnenerbe[2] buscasse com afinco, em terras espanholas, a Arca da Aliança, símbolo do pacto entre Jeová e o povo de Israel.

---

2 Fundada em 1º de julho de 1935, como um braço histórico/antropológico da SS, a *Studiengesellschaft für Geistersurgeschichte Deutsches Ahnenerbe*, ou Sociedade de Estudos de Pré-história Intelectual e Herança Ancestral Alemã, tratava-se de um instituto de pesquisa criado por Heinrich Himmler, Herman Wirth e Walther Darré. Ele foi integrado a SS em janeiro de 1939. Essa entidade organizou diversas expedições arqueológicas na Alemanha e em outros países: França, Itália, Romênia, Bulgária, Polônia, Ucrânia, Islândia, Afeganistão e Tibete. Em 1938, Ernst Schäfer, geólogo e explorador alemão, quis provar que o planalto tibetano era o berço da raça ariana. (N. do E.)

Mas as coisas não param por aí. O delírio irracional do Terceiro Reich atingiu um de seus pontos altos nas grotescas expedições organizadas pela Ahnenerbe. Vocês sabiam que essa gente chegou a enviar uma equipe ao Tibete, dirigida pelo naturalista Ernst Schäfer, com o objetivo de rastrear as origens da mítica raça ariana? Os desatinos raciais do regime nazista encontraram terreno fértil na mistura das propostas teosóficas da senhora Blavatsky com o neopaganismo germânico de Guido von List e companhia. Será possível que no mesmo país e na mesma época em que os físicos descobriam a complicação da existência e o absurdo da crença em raças, quando somos apenas conjuntos organizados de átomos, se defendesse apaixonadamente um conceito tão absurdo quanto a superioridade genética de alguns humanos sobre outros? E se fosse apenas isso... Pois estiveram até na Bolívia atrás da prova de que uns antigos colonos nórdicos haviam fundado Tiahuanaco, a antiga capital andina, há um milhão de anos!

Na Alemanha, pouco tempo antes da chegada de Hitler ao poder, surgiu uma sociedade surpreendente que, entre outras coisas, acreditava que os arianos vinham de um lugar chamado Thule, a mítica capital, do não menos mítico, País dos Hiperbóreos, uma terra que para essas pessoas era a autêntica Atlântida mencionada por Platão. Mas, em vez de situá-la logo depois das Colunas de Hércules, onde começa o Atlântico, puseram-na ao norte, entre a Escandinávia e a Islândia, regiões onde, acreditavam eles, haviam se estabelecido os sobreviventes do lendário continente após seu colapso. Herman Wirth, um dos fundadores da Ahnenerbe, dirigiu pessoalmente, junto com Heinrich Himmler e Walter Darré, várias expedições por terras do norte, tentando encontrar evidências daquele povo mítico do qual, com orgulho, se diziam descendentes. Não vou lhes adiantar nada, digo apenas que encontraram pouca coisa... Sem dúvida, da tal Sociedade Thule surgiu o NSDAP (Partido

Nacional-Socialista dos Trabalhadores Alemães), o partido que algumas décadas depois chegou ao poder com aquele medíocre pintor austríaco. Não vou segurá-los mais. O amigo Javier lhes explicará muito melhor, e com mais detalhes, tudo de que falei. Mas tenham cuidado. Verão coisas que os farão duvidar dos fatos estabelecidos e os induzirão a investigar por conta própria. E, se vocês não estiverem muito por dentro do assunto e o amigo Javier Martínez-Pinna conseguir, como não duvido, que se apaixonem por suas histórias, começarão uma aventura que irá muito além destas páginas. E vocês terão aberto uma perturbadora caixa de Pandora.

– Óscar Fábrega, caçador de tesouros

Prólogo II

A Face Oculta do Terceiro Reich

Nenhum outro conflito armado fez tantas vítimas na história da humanidade quanto a Segunda Guerra Mundial. Os cálculos oscilam segundo aqueles que os interpretam, mas os especialistas concordam em estimar em 70 milhões o número de mortos deixados pelo grande enfrentamento bélico do século XX. De um modo geral, foram duas as facções que mediram forças no campo de batalha: o Eixo (a Alemanha de Hitler à frente, mais a Itália e o Japão) e os Aliados (Estados Unidos, Rússia, Inglaterra e França).

Ademais, à margem do conflito oficial que manteve no páreo os países de ambos os grupos, travou-se um embate ocultista, à sombra da Segunda Guerra Mundial, envolvendo nazistas e aliados. Uma contenda psíquica de bastidores que não gerou grandes manchetes nem deixou tantos cadáveres, mas foi decisiva para a evolução e o destino do Terceiro Reich e seu líder Adolf Hitler, uma das criaturas mais execráveis da história da humanidade.

O livro que o leitor tem em mãos não é uma obra para analisar a voracidade e a crueldade a que pode chegar a natureza humana, nem os motivos, protagonistas e acontecimentos ocorridos durante a Segunda Guerra Mundial. Este ensaio minucioso procura enfatizar o outro lado da história, não menos fascinante, em que pontificaram as crenças ocultistas e as práticas mágicas do nacional-socialismo. Uma luta entre forças tão imateriais quanto inexistentes que, apesar de sua intangibilidade, exerceram um papel relevante no futuro do conflito.

Javier Martínez-Pinna lança luz sobre um dos episódios mais obscuros e, ao mesmo tempo, mais atraentes da história moderna. Hoje, poucos duvidam da influência que o ocultismo exerceu sobre os dirigentes do Terceiro Reich, em especial o *Führer*.

Graças a este livro, o leitor saberá em primeira mão que Adolf Hitler vivia rodeado de magos e membros de organizações poderosas, como a Ahnenerbe ou a Sociedade Thule, e que estas o influenciavam profundamente na hora de tomar decisões. Saberá também que o chanceler do Terceiro Reich era obcecado por descobrir objetos sagrados como a Lança do Destino ou o Martelo de Thor, além de "outras relíquias" dispersas por meio mundo, os quais, segundo ele acreditava, lhe dariam o poder absoluto. O líder nazista, com efeito, se julgava um messias dotado de uma aura divina que lhe permitiria tornar-se o dono do mundo.

Por outro lado, a cada dia ficamos mais inteirados do espólio que os nazistas promoveram por toda a Europa durante a Segunda Guerra Mundial. Hitler organizou um esquema administrativo eficiente para roubar obras de arte e outras riquezas nos países que invadia. Enquanto ocuparam parte da Europa após o êxito de sua temível *Blitzkrieg* (Guerra Relâmpago), os nazistas levaram para a Alemanha 5 milhões de obras de arte. Um desses trabalhos roubados, o *Políptico da Adoração do Cordeiro Místico*, da autoria de Hurbert e Jan Van Eyck (século XV), ora exposto na catedral de São Bavão de Gante (Bélgica), fascinou o próprio Hitler. Ele, aparentemente, acreditava que esse retábulo formado por doze tábuas escondia um mapa do local onde se encontravam os instrumentos utilizados na tortura de Jesus Cristo durante sua crucificação, os quais supostamente possuíam poderes sobrenaturais. Após a Segunda Guerra Mundial, a famosa equipe de soldados aliados especialistas em arte (os *Monuments Men*) encontrou a obra em uma mina de sal abandonada nos Alpes austríacos. Historinha que inspirou muitos livros e filmes.

Na busca do Santo Graal, que conforme acreditavam lhes proporcionaria ajuda divina para consumar seus planos malévolos, os nazistas chegaram à Espanha por volta de 1940. Nosso país não se mostrou alheio à ânsia delirante do regime nacional-socialista por relíquias e objetos de poder. A visita de Heinrich Himmler a Toledo e depois à mágica montanha barcelonesa de Montserrat é narrada pelo autor em seu *Operación trompetas de Jericó*, embora, em *Os Exploradores de Hitler*, possamos desfrutar da apertada agenda do líder da SS em terras espanholas e suas curiosas anedotas. Há, por exemplo, a tourada que ele foi obrigado a presenciar, estupefato, como demonstração de apreço por parte de nossas autoridades, e a negativa do abade do mosteiro barcelonês a recebê-lo, por causa do tratamento que os nazistas dispensavam ao cristianismo desde sua chegada ao poder.

Por que a história oficial não se aprofundou mais nas origens ocultas do Terceiro Reich? Talvez porque só fosse aceitável encarar esse fato com pragmatismo, em um contexto internacional cauteloso e à espera do resultado dos julgamentos de Nuremberg. Trazer à luz, nos tribunais alemães, os rituais praticados pelos nazistas ou as excêntricas expedições arqueológicas em busca de uma raça ariana poderia desestabilizar o veredito dos juízes contra os criminosos de guerra e abrir para os açougueiros uma via de escape caso eles alegassem alienação mental ou desequilíbrio psicológico. Setenta anos depois dos julgamentos, *Os Exploradores de Hitler*, do professor Javier Martínez-Pinna, nos colocam diante de inúmeras incógnitas e nos aproximam um pouco mais da face oculta do nacional-socialismo. Desfrutem a leitura.

– Javier Ramos de los Santos

Introdução

Em datas recentes, os meios de comunicação de vários países ecoaram uma notícia que não deixou ninguém indiferente, em parte porque reabria o debate sobre a existência de um grande tesouro escondido pelos nazistas em diversos locais secretos e cuja busca havia custado a vida de todos os tipos de aventureiros, cientistas e caçadores de tesouros.

Tudo começou em agosto de 2015, quando uma modesta e quase desconhecida emissora interiorana, a Rádio Wroclaw, difundiu uma notícia que causou sensação entre os sóbrios habitantes da localidade polonesa de Walbrych. Eles ouviram em seus aparelhos que um velho trem nazista, desaparecido setenta anos antes, estava prestes a ser encontrado em um lugar desconhecido, sob o chão de um bosque vizinho da cidade. Aparentemente, dois aventureiros tinham conseguido descobrir o local exato onde se perdera a pista de um comboio que, segundo a lenda, havia sumido depois de sair de Wroclaw, no início de 1945. Conforme disseram os caçadores de tesouros, o polonês Piotr Koper e o alemão Andreas Richter, o trem partiu da cidade carregado com um enorme butim para não cair nas mãos do Exército Vermelho, que já marchava a passo de carga rumo à conquista de Berlim.

Um dos primeiros a seguir a pista do trem de ouro nazista foi Tadeusz Slowikowski, um antigo funcionário da ferrovia de 86 anos de idade, que iniciou sua busca em 1950 depois de salvar a vida de um alemão chamado Schulz, quando este estava a ponto de ser assassinado por dois agressores anônimos. Como prova de gratidão por evitar-lhe uma morte certa, o homem lhe revelou a localização de um túnel onde estaria escondido o grande tesouro. Além disso, garantiu-lhe que um grupo de alemães continuava morando na região após o final da Segunda Guerra Mundial e que um deles achou a entrada do túnel, mas para sua desgraça nunca pôde averiguar o que se escondia ali porque logo depois ela foi dinamitada a fim de impedir que alguém penetrasse em seu interior.

Imediatamente, Slowikowski iniciou suas investigações. Entretanto, aconteceu algo que o obrigou a ser mais cauteloso: ele soube que, em maio de 1945, uma humilde família polonesa cuja casa se situava a poucos metros da entrada do túnel havia sido executada pelos nazistas alguns dias antes da tomada da cidadezinha pelos russos. Para não deixar nenhuma pista, os soldados alemães não hesitaram em demolir uma casa de onde se podiam observar todos os movimentos dos trens que entravam e saíam do túnel.

A morte injustificada de todos os membros da família polonesa fez com que esse suposto tesouro, enterrado no coração da Polônia, adquirisse fama de maldito – tal como aconteceu a outros tesouros desaparecidos do nazismo que até agora continuam sendo procurados por quase toda a Europa. Slowikowski guardou silêncio por muito tempo, motivo pelo qual a história desse trem de ouro dos nazistas, como passou a ser conhecido, acabou se transformando em lenda.

Por fim, em 2003, o polonês resolveu explorar a região para averiguar se havia alguma verdade por trás desses acontecimentos, cuja historicidade nunca chegou a ser comprovada. Espantosamente, e apesar do tempo decorrido, Slowikowski constatou que ainda viviam pessoas empenhadas em manter esses segredos a salvo. Ao menos foi o que ele declarou ao *Daily Mail*, afirmando que, mal havia começado a investigar, apareceram três indivíduos à paisana ameaçando usar suas armas caso ele continuasse metendo o nariz em um lugar onde não devia pisar novamente. Nunca se soube a identidade desses homens, embora alguns dissessem que talvez fossem membros do governo ou da polícia secreta polonesa, enquanto outros viam neles antigos simpatizantes do Terceiro Reich. Isso pouco importava porque Slowikowski, já em idade avançada, não se considerou com forças para continuar sua apaixonante aventura e decidiu partilhar seu segredo e seus escritos com os caçadores de tesouros Koper e Richter. Estes, sem perda de tempo, reiniciaram a busca utilizando tecnologia suficientemente avançada, como um georadar, graças ao qual conseguiram obter imagens do que podia ser, de fato, um trem sepultado sob os bosques de Walbrych.

Segundo disseram aos meios de comunicação, o comboio devia medir por volta de 150 metros de comprimento e, mais importante de tudo, em seu interior talvez se escondesse uma verdadeira fortuna avaliada em mais de 1 milhão de dólares; assim, reclamavam 10% de todas as riquezas que ali fossem encontradas caso de fato achassem o sonhado tesouro.

A loucura pareceu invadir uma cidade que, até então, passara despercebida. Não tardou e suas ruas foram tomadas por todo tipo de personagens estranhos, obrigando as autoridades a entrar em ação e estabelecer um verdadeiro cerco em torno da zona onde se supunha estar escondido o trem de ouro nazista. As palavras do secretário de Estado da Cultura do governo polonês, Piotr Zuchowsky, quando assegurou que havia 99% de possibilidades de haver mesmo um trem sepultado na terra, tumultuaram ainda mais uma situação que a todos parecia ter ido longe demais. Aos poucos, um número cada vez maior de turistas foi se dirigindo para Walbrych, situação de que souberam se aproveitar os vizinhos da zona para organizar verdadeiros *tours* que incluíam a visita ao local do bosque onde estavam ocorrendo as buscas. O interesse chegou ao castelo de Ksiaz, um lugar próximo relacionado à presença do suposto tesouro perdido dos nazistas por estar situado em meio a uma complicada rede de túneis subterrâneos construídos pelos alemães em plena guerra e que, segundo os especialistas, podem ter sido utilizados como uma espécie de depósito onde se esconderiam obras de arte roubadas por eles e, também, parte de seu tesouro espetacular.

◆ Castelo de Walbruch: o castelo de Ksiaz é uma construção impressionante no alto de uma colina arborizada da cidade de Walbruch, no sudoeste da Polônia. Segundo os pesquisadores, durante a guerra foi escavada uma série de túneis subterrâneos para abrigar depósitos de armamentos e, mesmo, alguns tesouros roubados pelos alemães durante os anos de conflito.

Com o passar dos meses, as expectativas de Andreas Richter e Piotr Koper foram diminuindo, sobretudo quando ouviram a informação de um grupo de cientistas da Universidade de Cracóvia que haviam ido ao local munidos de um moderno equipamento de radares e sensores magnéticos. Depois de várias semanas de trabalho árduo, os cientistas puderam constatar a existência do túnel, mas as anomalias geomagnéticas não foram decisivas o bastante para concluírem que ali havia um trem enterrado a 20 metros de profundidade. A informação não era definitiva; contudo, as declarações da pesquisadora Joanna Lamparska, em novembro de 2015, abalaram o ânimo dos aventureiros. Segundo essa escritora, que havia estudado a rede de túneis da região, a história inventada sobre o trem de ouro nazista era pura e simplesmente um equívoco. Ao mesmo tempo, um ex-membro da KGB afirmou que os soviéticos haviam feito escavações na zona e não descobriram nada.

Embora as últimas notícias fossem desanimadoras, tanto Richter quanto Koper se recusaram a jogar a toalha. Na ocasião, a sorte parecia ter lhes voltado as costas, mas os aventureiros não quiseram abandonar uma busca na qual acreditavam mais que em qualquer outra coisa. Afinal de contas, não tinham sido os primeiros a embarcar nessa arriscada missão, pois muitos outros perseguiram o sonho de encontrar um dos inúmeros locais onde os nazistas haviam escondido as riquezas que espoliaram durante a Segunda Guerra Mundial, enquanto os exércitos da Wehrmacht passeavam, invencíveis, pelos campos de metade da Europa.

Os achados arqueológicos e os testemunhos dos sobreviventes sugeriam que os alemães esconderam grande quantidade de lingotes de ouro, objetos de culto e incontáveis obras de arte em todo tipo de túneis subterrâneos, no fundo de lagos inacessíveis ou nas entranhas de antigos castelos, onde sem dúvida ainda permaneciam, aguardando o momento propício para sair à luz. Além disso, pouco a pouco, os historiadores começaram a entender como os nazistas haviam planejado salvar suas imensas riquezas tão logo perceberam que a sonhada vitória para impor seu regime de ódio nunca iria acontecer. À frente desse plano ambicioso estava Martin Bormann, o secretário pessoal do *Führer* e seu homem de confiança, a quem coube a responsabilidade de esconder essas riquezas nos lugares mais seguros possíveis. Para ele, o mais importante era converter as finanças milionárias do Reich em ouro e joias, a fim de evitar sua desvalorização previsível. Sem dúvida, boa parte do ouro precisou sair das cidades alemãs antes que elas caíssem nas mãos dos soviéticos. Estaria assim explicada a formação, desde cedo, de inúmeras lendas e tradições que, como o leitor verá, falavam da presença desses enigmáticos tesouros nos locais mais insuspeitados.

Outro aspecto intrigante do movimento nazista, porém desconhecido, foi o interesse que alguns de seus dirigentes revelaram pelo ocultismo, a magia e a superstição. Como teremos oportunidade de ver, o nacional-socialismo surgiu em um contexto histórico muito concreto, marcado pela derrota da Alemanha na Primeira Guerra Mundial e a grave crise econômica de 1929, que acarretou o enfraquecimento da democracia e o auge dos movimentos populistas e fascistas. No tocante à origem da ideologia hitlerista, um elemento fundamental para explicar seu nascimento foi a exacerbação do nacionalismo germânico, de tipo xenofóbico e violento; entretanto, o que é mais curioso, e também ignorado pela maior parte dos historiadores, diz respeito à sua relação com as ideias teosóficas de tradição alemã, vinculadas à crença na existência de raças puras, superiores intelectual e fisicamente às consideradas inferiores, e de civilizações perdidas que seria necessário descobrir para justificar suas aterradoras teorias raciais. Com esse fim, organizaram-se expedições insólitas, lideradas por aventureiros controvertidos que percorreram o mundo dispostos a encontrar indícios da sobrevivência da raça ariana, mas também os mais lendários objetos de poder, imprescindíveis para ganhar uma guerra que iria decidir o destino do mundo.

Esta é sua história.

— Javier Martínez-Pinna

CAPÍTULO 1

Em Busca de Agartha e Sambhala. A Origem da Raça Ariana

ERNST SCHÄFER, O HERÓI DA ALEMANHA NAZISTA

No ano de 1936, ocorreu uma estranha reunião no escritório que o vaidoso *Reichsführer SS*, Heinrich Himmler, mantinha na Prinz-Albrecht Strasse da capital alemã. Ali compareceu o famoso aventureiro Ernst Schäfer, escolhido para liderar uma nova expedição cujo objetivo primordial era encontrar os traços originais daquilo que, séculos antes, tinha sido a raça ariana.

Sem dúvida, os planos de Schäfer haviam chamado a atenção da hierarquia nazista, pois, há muito tempo, ele sonhava com a possibilidade de encontrar a prova cabal que lhe permitisse confirmar a crença extravagante, disseminada entre os membros mais radicais do Partido Nacional-Socialista, na existência de uma raça superior da qual os alemães seriam os mais dignos sucessores. Esse, porém, não era o único interesse de Himmler. Ele queria também dar valor científico a algumas teorias surpreendentes, como a da terra oca, ligadas às lendas orientais dos reinos intraterrenos de Agartha e Shambhala. Assim, firmaria no futuro uma aliança com o suposto Rei do Mundo, que habitava esse lugar mítico, a fim de conseguir seu apoio para o estabelecimento de uma Nova Ordem Mundial sob o signo da suástica.

Himmler, dirigente supremo da Ordem Negra da SS, logo se sentiu fascinado por um indivíduo cujos livros haviam causado sensação na Alemanha dos anos 1930. Neles, o autor relatava suas emocionantes aventuras e incríveis expedições pelo coração do continente asiático. Mas quem era esse enigmático explorador que tanto seduziu o discreto *Reichsführer SS*? Ernst Schäfer nasceu na cidade de Colônia a 14 de março de 1910, pouco antes de os poderosos impérios europeus decidirem se envolver em um conflito que pôs fim à incontestável hegemonia exercida por eles no mundo até essa fatídica Primeira Guerra Mundial. Por esse motivo, o jovem Ernst passou seus primeiros anos de vida em um ambiente de extrema violência e tensão, contemplando com olhos inocentes o rápido declínio do que fora a Grande Alemanha após sua inexplicável derrota ante os exércitos unidos da França e da Inglaterra e a asfixiante crise econômica dos anos 1920.

Apesar de tudo, como membro de uma família razoavelmente próspera, Schäfer pôde se permitir o luxo de estudar na Universidade de Göttingen. Animado por um estranho amor aos animais (foi caçador emérito, famoso por ter sido o primeiro europeu a matar um inocente urso panda), formou-se em zoologia e biologia, especializando-se em ornitologia. Entretanto, o que mais lhe interessava era conhecer o mundo, fugir daquela Alemanha deprimida e humilhada a fim de descobrir países novos e culturas exóticas, dando assim rédea solta à sua incontida sede de aventuras em lugares distantes, aonde ninguém havia conseguido chegar.

Em 1930, deu-se um acontecimento fundamental para compreendermos a biografia do zoólogo e caçador alemão. Certa vez, em Hannover, teve a sorte de encontrar-se com um americano chamado Brooke Dolan, que em consequência de um capricho do destino estava preparando uma expedição à Ásia. Ernst não podia perder essa oportunidade: quase sem hesitar, ofereceu-se – tinha apenas 21 anos de idade – para participar do grupo e, assim, realizar seus sonhos.

◆ Entre todos os pesquisadores ligados às SS do Terceiro Reich, Ernst Schäfer se destacou por seu caráter indômito e sua ânsia de conhecer mundos distantes e exóticos, que o levaram a projetar viagens inesquecíveis.

O americano logo percebeu a determinação e a sede de aventuras do jovem Schäfer e não pensou um momento sequer: aceitou a proposta do novo amigo para iniciar, em sua companhia, algumas viagens a um local desconhecido, cujas circunstâncias são bem conhecidas graças aos livros escritos pelo alemão, onde se narram suas apaixonantes e arriscadas perambulações por países remotos. As palavras de Schäfer causaram sensação entre os muitos leitores conquistados em uma Alemanha que ainda não havia conseguido superar os males da forte crise econômica. Assim, acolheram com avidez as façanhas do aventureiro, talvez por quererem imaginar um mundo melhor, longe daquela Europa sangrada pelos excessos do nacionalismo imperialista. Entre os muitos seguidores do explorador, destacavam-se os membros dos círculos ocultistas da capital alemã que, como teremos ocasião de estudar, não escasseavam na convulsa Berlim dos anos 1930.

Em seus escritos, era comum encontrar passagens, não isentas de um certo protagonismo, onde ele relatava situações um tanto bizarras, sobretudo as relacionadas com os obstáculos que os expedicionários tiveram de vencer para evitar a intromissão das autoridades britânicas da zona, empenhadas em atrapalhar os abnegados pesquisadores em sua busca dos mistérios ancestrais do místico Oriente. Tampouco faltaram os momentos nos quais Schäfer e seus companheiros precisaram exibir dotes de escaladores ou muito arrojo ao enfrentar os bandidos violentos que pululavam naquelas zonas arrasadas por anos e anos de guerra. E, em meio a essas andanças, ele ainda arranjou tempo para abater a tiros todos os pobres animais que tiveram a má sorte de cruzar seu caminho. É lembrado por matar um grande número de feras estranhas, praticamente desconhecidas no Ocidente, e que logo passaram a enriquecer o acervo dos mais importantes museus de ciências naturais da Europa.

Ao que parece, um dos livros de Schäfer acabou nas mãos do próprio Himmler, o qual, encantado com as proezas daquele perfeito ariano, encarregou-o de organizar uma nova expedição, dessa vez a serviço do Terceiro Reich.

Temos aí um dos episódios mais enigmáticos e que maiores controvérsias provocaram entre os estudiosos da história e do caráter oculto da Alemanha nazista. Embora sempre tenha sido difícil, para os historiadores concentrados unicamente no estudo dos aspectos sociais, políticos e econômicos da Alemanha do entreguerras, entender o fato, essa inaudita expedição é fundamental para termos uma ideia da obsessão dos nazistas por descobrir, de uma perspectiva esotérica, as origens da raça ariana.

Como já dissemos, e apesar de o leitor poder achar isso inadmissível do ponto de vista racional, outro objetivo de Himmler era fazer um primeiro contato com os dirigentes do reino mítico de Shambhala. A finalidade (esta, mais pragmática) seria estabelecer relações diplomáticas e conseguir o apoio do suposto Rei do Mundo, o qual, segundo os ideólogos dessa corrente do nazismo, viveria oculto em um mundo subterrâneo, sob os picos gelados do Himalaia. Chegado o momento oportuno, o tal rei encabeçaria uma marcha definitiva à frente de um poderoso exército, a fim de acabar com os inimigos da humanidade e iniciar uma nova era, cheia de paz e prosperidade, sob a bandeira triunfante dos novos arianos – nada mau!

Himmler, é óbvio, acreditava em antigas teorias oitocentistas segundo as quais as terras da Ásia Central seriam o berço da raça superior. Por isso, sugeriu a Ernst Schäfer, já então membro da SS, que ocupasse um posto de responsabilidade dentro da Ahnenerbe, ou *Studiengesellschaft für Geistersurgeschichte Deutsches Ahnenerbe*, (Sociedade de Estudos de Pré-história Intelectual e Herança Ancestral Alemã), e iniciasse uma viagem para a qual contaria com a ajuda de membros destacados da Ordem Negra da SS. Entre eles estava Bruno Beger, um antropólogo nacional-socialista convicto e imbuído das teses radicais do Terceiro Reich; ou, em outras palavras: um extremista ofuscado pelo sonho de encontrar os sobreviventes mais puros dos arianos originais. Seus acompanhantes eram Karl Wienert, prestigioso geofísico encarregado de comprovar a controvertida teoria da cosmogonia glacial, Ernst Krause, entomólogo e fotógrafo, e seu grande amigo Edmund Geer.

Por azar, a desgraça se abateu sobre o intrépido aventureiro alemão desde o momento em que planejou a viagem. No ano de 1937, a esposa de Schäfer, Hertha, faleceu repentinamente, vítima de um tiro disparado acidentalmente pelo marido durante uma caçada, o que provocou uma mudança em seu caráter e em sua maneira de entender a vida. Para cúmulo dos males, sua ida a Londres, necessária para obter as devidas autorizações que lhes permitissem percorrer e pesquisar nos territórios britânicos da longínqua Ásia, foi adiada várias vezes devido à desconfiança dos ingleses. Estes, não sem motivo, passaram a considerar Schäfer e os seus uma espécie de espiões a serviço do tenebroso regime nacional-socialista. Mas nem tudo foram más notícias; na Inglaterra, nosso protagonista fez novos amigos, alguns deles influentes, de modo que, enfim, conseguiu permissão oficial para iniciar sua inesquecível epopeia por terras orientais.

UMA VIAGEM AO FIM DO MUNDO

A mais incrível das viagens subvencionadas pela Ahnenerbe e seus acólitos da SS ia começar. Mas, primeiro, os integrantes precisaram submeter-se a um rigoroso programa de preparação física e técnica a fim de poder enfrentar todos os perigos que, seguramente, encontrariam em terras muito pouco conhecidas pelo homem europeu. Como em viagens anteriores, Schäfer teria de superar outra vez todo tipo de provas. Uma delas era o rigor de um meio inóspito a que nenhum de seus homens estava acostumado. Além disso, a equipe se viu envolvida em terríveis conflitos raciais e religiosos que quase lhe custaram a pele; e, como se tal não bastasse, tiveram de se haver com dois indivíduos cujo único objetivo parecia ser infernizar sua vida. O primeiro, Hugh Richardson, do Foreign Office, não se cansou de pregar peças ao "bom" Ernst. O segundo, Basil Gould, um funcionário sediado em Gangtok, encarregou-se de vigiar e dificultar os movimentos dos expedicionários nazistas: tarefa que executou à perfeição. Após um longo trajeto, os exploradores chegaram à Índia e ali começaram a finalizar os detalhes de sua marcha rumo aos picos gelados do Himalaia.

Um belo dia, Schäfer recebeu um telegrama enviado pelo Indian Office dando-lhes autorização para chegar até a província de Siquim (ou Sikkim). Mas as ordens eram claras: dali não deveriam passar. A região montanhosa do Siquim, quase inacessível, tinha, apesar disso, a vantagem de ser uma porta de acesso para o Tibete e, também, um lugar excelente para os alemães iniciarem suas investigações.

◆ Em sua longa odisseia, os membros da expedição atravessaram algumas das mais belas paisagens da Ásia. Uma delas é o Siquim, considerado a espetacular porta de acesso ao Tibete.

Havia chegado o momento de pôr à prova os dotes exploratórios dos ocidentais recém-chegados e o primeiro a abrir caminho foi o controvertido antropólogo Bruno Beger. Com uma mescla de curiosidade e receio dissimulado, os autóctones do lugar foram se dobrando aos caprichos dos estrangeiros, principalmente quando os ouviram contar histórias bombásticas sobre a origem comum de sua raça e a dos alemães superiores. Com todo o seu equipamento preparado, com as câmeras fotográficas esperando o momento de imortalizar os sujeitos de estudo para suas imperecíveis pesquisas, com seus calibradores e instrumentos de medição ajustados, Beger começou a tomar as medidas de alguns indivíduos, que sequer podiam entender os motivos de tão estranhas avaliações. Sabemos que não era raro ver o tresloucado antropólogo perseguindo alguns infelizes tibetanos para submetê-los a todo tipo de experimentos. Ele não via a hora de medir a largura, circunferência e comprimento de suas cabeças para confirmar a crença de que os nórdicos, seus mais longínquos descendentes, se distinguiam por ter a testa mais larga e o rosto mais comprido que o resto dos mortais.

◆ Beger realizando estudos antropológicos no Siquim. Os experimentos raciais dos pesquisadores ligados à Alemanha nacional-socialista chegaram até o longínquo Tibete por mão de um antropólogo polêmico, Bruno Beger, julgado ao final da guerra na cidade de Nuremberg e acusado de crimes contra a humanidade.

E há mais. Não contente com isso, Beger teve a ideia genial de aplicar máscaras faciais de gesso em algumas de suas cobaias humanas. Esteve a ponto de provocar a morte de um jovem chamado Passang, que ficou com as fossas nasais e a boca cheias de gesso líquido e teve convulsões terríveis, das quais a muito custo se salvou. Infelizmente os tibetanos, sobretudo as mulheres, continuaram sofrendo as excentricidades dos SS. Sabemos que o antropólogo recebeu uma nova ordem, a de estudar alguns dos costumes matrimoniais dos tibetanos. Ela chegou diretamente da Ahnenerbe por intermédio do místico Karl Maria Wiligut, outro ocultista extravagante que tempos atrás tinha ouvido uma lenda perturbadora sobre as mulheres locais.

Segundo antigos costumes, elas introduziam pedras mágicas na vagina antes de consumar o ato sexual, devemos supor que para estimular a fertilidade. Era o que, seguramente, Berger devia estudar: a parte de verdade por trás dessas superstições. Mas não sabemos que cara fez o antropólogo após ouvir as novas instruções que a Alemanha dos mil anos lhe reservava.

Enquanto Beger fazia das suas e metia o nariz onde não era chamado, e considerando o compreensível aborrecimento de alguns pobres tibetanos que já começavam a ficar fartos dos estrangeiros arianos, Schäfer iniciou uma nova pesquisa. Queria descobrir o que havia de verdadeiro em velhas crenças que falavam de mundos subterrâneos e reis poderosos, com os quais convinha selar uma aliança para, assim, derrotar as forças do mal, personificadas no judaísmo internacional e na social-democracia.

Na Europa, a maior parte das correntes ocultistas (nas quais o *Reichsführer SS* Heinrich Himmler acreditava piamente) era unânime em afirmar que o local de origem desses "desconhecidos superiores", com os quais os exploradores deviam fazer contato, era justamente a zona do Himalaia, mais precisamente o lago Lob Nor, ao norte do Tibete, nas proximidades do deserto de Gobi e a noroeste da China. Ali, Schäfer pôde ouvir antigas histórias que o animaram a seguir em frente, pois lhe recordavam conhecimentos milenares colhidos em seus estudos do passado mítico na nação alemã.

◆ Foto de Heinrich Himmler, um dos mais destacados dirigentes do Partido Nacional-Socialista dos Trabalhadores Alemães. Conhecemos bem sua biografia, mas, acima de tudo, chama a atenção seu interesse pelas correntes ocultistas, que tanto influenciaram a gênese da ideologia nazista.

Várias vezes lhe contaram que, séculos atrás, um enorme cataclismo ocorrido na região do Gobi obrigou os sábios de uma antiga civilização, possuidores de conhecimentos do tipo sobrenatural, a esconder-se em uma série de fantásticas cavernas subterrâneas situadas sob os picos gelados do Himalaia. Ali os exploradores se dividiram em dois grupos: o primeiro tomou o "caminho da direita", rumo às terras do reino de Agartha, e o segundo foi pelo "caminho da esquerda", para alcançar Shambhala, a cidade pujante onde residiam esses desconhecidos superiores, donos de um poder extraordinário.

Pode parecer incrível, mas essas lembranças pareciam corroborar as delirantes e sinistras histórias que então corriam de boca em boca entre pesquisadores alemães como Hans F. K. Günther, professor de Bruno Beger, conhecido como o Papa da Raça por ser um dos teóricos máximos da higiene racial durante o Terceiro

Reich. Segundo ele, os nórdicos arianos do noroeste europeu abandonaram suas terras depois de uma mudança climática radical que os obrigou a ir para sudeste, rumo à distante Ásia. No caminho, esses últimos representantes da raça superior foram deixando marcas de sua cultura altamente desenvolvida, das quais seriam bons exemplos os círculos de pedras e os dolmens que ainda hoje podem ser admirados nas vastas planícies da Europa sul-oriental. Levaram consigo também os fundamentos de sua ciência e as bases de seu sistema social perfeitamente estruturado.

Em sua interminável travessia, os super-homens arianos se viram obrigados a percorrer milhares de quilômetros, mas os problemas não tardaram a surgir. Segundo os estudiosos ultranacionalistas, a caminho do sul muitos deles acabaram se unindo aos membros das raças inferiores e sucumbiram à mestiçagem, que pôs em perigo a sobrevivência dos arianos. Sem dúvida, tais ideias se inspiravam em declarações de autores, que foram totalmente distorcidas pelo "credo nazista", mas cuja influência foi decisiva para o surgimento do ocultismo nazista, como a célebre Madame Blavatsky ou Nikolai Roerich (Nicholas Roerich, como é mais conhecido no Ocidente).

Todas essas crenças tomaram forma escrita no livro *Rassenkunde des Deutschen Volkes* [Ciência racial do povo alemão], elaborado pelo dr. Günther, no qual podemos ler uma série de argumentos tão perversos quanto inconcebíveis. Nas palavras de Bruno Berger, o homem ariano se caracterizava por ter sangue puro, mas também por ser um líder indiscutível de seu povo, um ser inteligente, bonito, de ombros largos e quadris estreitos. E não apenas isso: sua pele era lisa e brilhante, sua fala perfeita e harmoniosa. Todas essas puerilidades causaram profunda impressão em Himmler, a ponto de se mostrar decisivas para a organização da ambiciosa expedição de Schäfer ao Himalaia, como um passo a mais do premeditado plano de instaurar a nova ordem social presidida por uma raça de super-homens.

◆ Palácio de Potala. Ernst Schäfer e seus homens foram os primeiros alemães autorizados a entrar na cidade sagrada de Lhasa, o que os transformou em heróis e modelos nas SS.

Uma vez ali, o aventureiro alemão e sua equipe vislumbraram a possibilidade de se aprofundar na lenda e fizeram de tudo para convencer o Conselho de Ministros Tibetano a deixá-los entrar na cidade sagrada de Lhasa. Assim, poderiam encontrar novos testemunhos da chegada do homem ariano a essas distantes latitudes e rastrear a presença do mítico reino de Agartha sob os picos nevados das montanhas santas. Infelizmente, a essa altura, o ânimo do grupo já começava a arrefecer depois de tantas semanas no Siquim, à espera da autorização para iniciar uma odisseia que os levasse à cidade mágica do Tibete. Para espantar o tédio, Schäfer passava o tempo exibindo seu curioso amor pela natureza arrancando o cérebro dos animais que tinham a infelicidade de aparecer à sua frente. Depois, o naturalista dissecava esses órgãos e os enviava para a Alemanha, a fim de serem mostrados nos museus do Reich. Segundo testemunhas da época, o SS, em um estado que beirava a loucura, chegou a beber o sangue das presas para adquirir seu poder.

Enfim, a permissão do Conselho chegou e reergueu o ânimo do grupo, que imediatamente pôs mãos à obra para preparar o trajeto até a cidade de Gangtok, onde deveriam se abastecer de provisões antes de encetar a viagem definitiva a Lhasa. Partiram a 21 de dezembro de 1938, depois de realizar um curioso ritual pagão em volta de uma fogueira para dar as boas-vindas ao solstício de inverno, enquanto entoavam canções tradicionais da mitologia germânica. Após muitos dias de viagem, durante os quais puderam mergulhar fundo na beleza daquelas terras nunca antes vistas por um alemão, o grupo chegou a Lhasa. Era o dia 19 de janeiro de 1939; Schäfer e os seus subiram, por fim, à cidade sagrada, empunhando bandeiras com a suástica e contemplando, maravilhados, a grandiosa mansão do Dalai Lama: o palácio de Potala.

Para Schäfer, era o momento de se fazer merecedor da enorme confiança que alguns dos mais altos hierarcas do Partido Nazista haviam depositado nele. Imediatamente começou a fotografar e filmar tudo que acontecia à sua volta, ansioso por captar, na essência, a natureza de um mundo completamente desconhecido de seus compatriotas. Durante sua permanência em Lhasa, conseguiu gravar a cerimônia da chegada do Ano Novo e ficou encantado com o movimento e o colorido de uma série de danças rituais com que se tentava reproduzir a eterna luta entre o bem e o mal. Tudo parecia correr bem para ele, pois os habitantes de Lhasa receberam o grupo com inesperada hospitalidade, abrindo suas casas e corações para as perguntas que os alemães começaram a indagar de suas crenças milenares. Schäfer tentava, assim, descobrir algo mais a respeito desse local proibido aos não iniciados nos mistérios do Tibete, que ele acreditava estar sobre um mundo subterrâneo habitado por seres sobrenaturais.

Sem dúvida, a maior parte dos investigadores considerava esse mundo um lugar absolutamente intangível. Intangível e inalcançável porque ali só se podia chegar com a mente, após um árduo e complicado processo de meditação. Apesar de tudo, muitos aventureiros não quiseram se dar por vencidos, entre eles alguns membros do Partido Nazista como Ernst Schäfer, empenhado em revelar ao mundo a existência desse reino mítico e a porção de verdade escondida por trás de sua lenda apaixonante. Pelo que pude apurar, os habitantes de Lhasa acreditavam na existência de um reino conhecido como Shambhala, situado ao sul do Tibete, perto do rio Sita. E o mais importante: localizavam a origem divina de sua realeza no vale do Yarlung, um enclave governado de uma fortaleza inexpugnável chamada Yumbulagang. Para os membros da Ahnenerbe, era bastante óbvio: aquele era o lugar aonde deviam ir. E assim fizeram. Chegara o momento mais decisivo de uma viagem pela qual seriam sempre lembrados, mas os planos de Hitler agora tomavam outro rumo. Na sua ânsia de dominar o mundo, havia ordenado a invasão da Polônia a fim de levar a Europa à sua própria destruição. A Segunda Guerra Mundial começou no dia 1º de setembro de 1939, obrigando Schäfer e os seus compatriotas a abandonar o Tibete às pressas, pois tinham se tornado, em poucos instantes, inimigos perigosos do governo britânico. A volta para casa não foi fácil, mas por fim chegaram a Berlim para se transformar em verdadeiros ídolos de uma Alemanha em guerra.

◆ Membros da expedição alemã ao Tibete. Apesar de todas as expectativas, a aventura não deu resultados satisfatórios para os dirigentes nazistas, pois não conseguiu comprovar, *in loco*, a existência dos reinos míticos de Agartha e Shambhala tampouco estabelecer uma aliança com as autoridades locais para lutar contra o Império Britânico.

As coisas não terminaram por aí, pois a última página dessa desvairada aventura ainda não tinha sido escrita. Muitos anos depois, mais precisamente em 1985, um grupo de arqueólogos descobriu na região chinesa de Sinkiang Uigur um conjunto de múmias com mais de 3 mil anos de idade. A imprensa internacional não tardou a perceber a importância da descoberta. As múmias estavam muito bem conservadas graças à aridez de um terreno totalmente desértico; mas a autêntica surpresa ocorreu quando os pesquisadores constataram que os corpos eram de indivíduos brancos e loiros. Além disso, ao contrário do que é comum nesse contexto geográfico, apresentavam nítidos traços europeus: nariz comprido, crânios largos e olhos não protuberantes. Também identificaram roupas quase intactas, feitas com teares bastante sofisticados e de óbvia influência europeia, como aqueles que os arqueólogos já haviam encontrado na Escandinávia e na Alemanha. Se tudo isso entusiasmou os estudiosos mais devotos dos mitos e enigmas de nossa Antiguidade, que dizer do fato de o espetacular achado ter ocorrido ao pé das Montanhas Celestiais, no deserto de Taklamkan (noroeste chinês), que curiosamente é o lugar onde as tradições tibetanas e budistas situam o lar do Rei do Mundo e o mundo subterrâneo de Agartha?

◆ Múmia de Xinjiang. Espantosamente, na década de 1980, descobriu-se na China, perto do lugar onde segundo os estudiosos estaria Shambhala, uma série de múmias cujos traços físicos eram, de modo inegável, caucasianos.

CAPÍTULO 2

As Origens Ocultas do Terceiro Reich

AHNENERBE, A SOCIEDADE DE ESTUDOS DE PRÉ-HISTÓRIA INTELECTUAL E HERANÇA ANCESTRAL ALEMÃ

A 1º de julho de 1935, um grupo de eruditos nazistas, estreitamente ligados às temida SS, reuniu-se sob a presidência do *Reichsführer SS* Heinrich Himmler. Entre os presentes estava um indivíduo que todos consideravam uma criatura extravagante, mas cujas teorias heterodoxas se harmonizavam com algumas das ideias mais estapafúrdias cultivadas pelos intelectuais do nacional-socialismo. Herman Wirth era um professor holandês terrivelmente obcecado pelo estudo da pré-história alemã e do folclore do germanismo primitivo. Sua filiação ao NSDP (sigla alemã do Partido Nacional-Socialista Alemão) ocorreu muito cedo, de modo que não devemos estranhar sua escolha para dirigir um instituto idealizado com a finalidade de estudar e recuperar os traços do glorioso passado alemão.

Após várias horas de acalorado debate, quando se discutiram quais deviam ser os objetivos da nova sociedade e sua relação com o partido governante, todos decidiram finalmente criar a Ahnenerbe, a Sociedade de Estudos de Pré-história Intelectual e Herança Ancestral Alemã, da qual Wirth seria o primeiro presidente. Já o Conselho de Administração ficaria a cargo do todo-poderoso *Reichsführer SS*, que não demorou muito a utilizar esse centro de pesquisas para propagar as principais teses nacional-socialistas, enfatizando as de viés racial e antissemita. Ele a utilizou politicamente a tal ponto que, no fim desse mesmo ano, acabou transformando-a em parte integrante da SS.

Himmler, que sempre foi considerado o braço direito de Adolf Hitler, possuía agora um instituto onde podia estudar o passado da Grande Alemanha, pelo qual sempre fora fascinado desde que, menino ainda, havia acompanhado seu pai na busca de objetos antigos enterrados em alguma das muitas jazidas arqueológicas da velha Baviera. Apesar de tudo, os começos desse centro de pesquisa não foram dos mais brilhantes, embora, já em dezembro de 1935, a Ahnenerbe contasse com sua própria sede em um dos bairros mais prestigiosos de Berlim. Quanto aos escritórios, ficavam na parte histórica da cidade, em uma rua de origem medieval conhecida como a Brüderstrasse. Ali, os primeiros integrantes do instituto foram obrigados a trabalhar em um ambiente sombrio, desprovidos de quaisquer elementos que pudessem ser considerados pomposos e cuja única decoração era uma série de grandes fotografias onde se viam alguns símbolos mágicos que mais tarde exerceriam uma influência decisiva sobre os simpatizantes do novo regime.

Mas isso foi apenas o começo. Logo a Ahnenerbe teria seus próprios museus, com oficinas especializadas e enormes bibliotecas formadas por todos os tipos de livros de conteúdo esotérico, místico e ocultista. E o mais importante de tudo: com uma fonte inesgotável de financiamento, que lhe permitiu contratar muitos dos mais eminentes pesquisadores alemães e, também, organizar alucinantes expedições em busca das origens ancestrais da raça ariana. A isso se somou a intenção de recuperar alguns dos objetos de poder mais influentes das antigas religiões, que eles queriam ter só para si.

O primeiro grupo de pesquisa se dedicou ao estudo do antigo alfabeto rúnico e foi diretamente organizado por Herman Wirth, já que ele era um renomado especialista em escritas e símbolos antigos. Wirth conhecia a fundo o sânscrito e várias línguas mortas, algo que lhe serviria, segundo pensava, para decifrar um antigo idioma sagrado inventado por uma civilização desconhecida do Atlântico Norte.

◆ Emblema da Ahnenerbe.

Não tardou e o número de departamentos da Ahnenerbe foi aumentando até chegar a 43. Eram dedicados a todo tipo de disciplinas e crenças estranhas, como a geografia sagrada, o folclore, as danças populares, as canções tradicionais, as lendas, a linguística, as ciências paranormais e, o que aqui mais nos interessa, a arqueologia germânica. Mas pretendiam também descobrir o local exato onde estariam escondidos objetos como a Arca da Aliança, o Santo Graal ou a Lança de Longino.

Dentro da Ahnenerbe, como afirma José Lesta em *El Enigma Nazi* [O Enigma Nazista], nem todas as seções tinham o mesmo prestígio, pois entre elas se destacava o ramo ocultista, com um setor esotérico a cargo de Friedrich Hielscher e Wolfram Sievers. Esses personagens controvertidos influenciaram decisivamente alguns dos mais destacados membros do Partido Nazista, sobretudo Himmler, um místico fanático nas ciências ocultas e nas forças desconhecidas da natureza que tentou destruir o cristianismo, a seu ver um dos responsáveis pela decadência da raça ariana, em favor de uma religião pagã de tradição germânica.

Essa sociedade, cujos princípios ideológicos se afastavam muito do que tinha sido a base da cultura ocidental durante séculos, não surgiu do nada: boa parte de suas premissas foi se formando aos poucos desde finais do século XVIII, quando floresceram na Alemanha diversos grupos com francas reivindicações políticas que pregavam o ressurgimento da pátria alemã sob a influência de uma nova religião de caráter pagão e esotérico. Uma curiosidade: alguns desses grupos começaram a utilizar uma série de símbolos vinculados a religiões pré-cristãs e que desde esse momento passariam a fazer parte da cultura alemã. Um deles, sem dúvida o mais conhecido, é a suástica.

O catarismo, uma das doutrinas que mais influenciou esses grupos (e também o pensamento de Hitler), teve sua ligação com o nazismo magnificamente demonstrada por Jean

Michel Angebert em *Hitler et La Tradition Cathare* [Hitler e as Religiões da Suástica]. Para esse autor, o culto ao Sol ocupou um lugar predominante nessa tradição, encarnando o símbolo sagrado dos arianos frente ao culto da Lua dos povos de origem semítica. Ademais, o movimento cátaro se caracterizou por sua rejeição do Antigo Testamento e dos sacramentos cristãos do batismo e da comunhão, tão desdenhados pelos nazistas e, especialmente, os membros da Ordem Negra da SS. Não passaram despercebidas sua postura claramente maniqueísta como expressão da eterna luta entre a luz solar, representada pela suástica, e a obscuridade associada à Lua, tampouco a vestimenta do fiel devoto do catarismo.

Embora não conste dos livros de história, a influência dessas crendices se revelou decisiva para formar a personalidade dos principais dirigentes do Partido Nazista e, portanto, sua extravagante concepção daquilo que eles consideravam a Nova Ordem Mundial. Assim, seu estudo é imprescindível para compreendermos os fatos ocorridos nessa etapa de nosso passado.

Quem foram esses personagens que tanto fascinaram Hitler e os mentores do nacional-socialismo?

De um deles, Guido von List, um escritor de caráter excêntrico, conta-se que em 1862, quando estava com apenas 14 anos, teve uma visão surpreendente. Embora não haja muitos detalhes sobre o acontecimento em questão, Guido von List garantiu que teve o privilégio de contemplar o próprio deus guerreiro Wotan no interior da catedral de Santo Estêvão. Sem dúvida, e mais ainda depois de tão fabulosa epifania, Von List se transformou em um autêntico devoto da divindade germânica e, portanto, em fonte de inspiração para o paganismo nazista, anticatólico e antissemita.

Um pouco mais tarde, durante o solstício de verão de 1875, resolveu enterrar sob as ruínas romanas de Carnuto uma série de garrafas, dando-lhes a forma de cruz gamada, para comemorar a vitória das tribos germânicas sobre as legiões romanas em 375 d.C. Por esse e outros motivos, sua fama de extravagante foi crescendo entre os grupos alemães ultraconservadores do final do século XIX e sobretudo depois que, em 1902, teve outra visão enquanto se recuperava de uma cegueira temporária provocada por uma operação de catarata. Graças a isso, compreendeu a verdadeira natureza das runas germânicas, com base nas quais pretendeu reconstruir uma suposta língua primitiva falada pelos arianos autênticos. Tudo isso se traduziu na proposta de uma nova teoria sobre a existência, em um passado remoto, de uma espécie de raça germânica constituída pelos *armanos*, assombrosamente inteligentes e espiritualizados, mas que se haviam corrompido com o passar do tempo.

◆ Guido von List, 1913. Entre outras coisas, esse curioso escritor vienense se distinguiu pelo culto que professou a vida inteira à religião pagã dos povos germânicos, algo que pode explicar o posterior interesse dos nazistas na busca do Martelo de Wotan, símbolo supremo do deus da guerra nórdico, em terras sul-americanas.

Seu legado foi acolhido pelos fundadores da famosa Ordem Germânica (*Germanenorden*), que acabou se transformando em um dos principais precedentes da SS. Tal como estas, seus membros exigiam provas de pureza racial de todos aqueles que queriam pertencer ao grupo e a quem, depois, anulariam a vontade empregando seu conhecimento das técnicas de iniciação e doutrinação. Mais tarde, os membros do Partido Nazista aperfeiçoariam esse recurso, especialmente quando conseguiram impor seu controle ao sistema educativo alemão, a partir de 1933; assim, acabaram aniquilando toda uma geração, que passou a ser educada para obedecer aos ditames de uma classe governante nacionalista e disposta a perpetuar seus privilégios.

Outra figura de destaque quando se tentou estabelecer as origens ocultas do Terceiro Reich e da temível Ahnenerbe foi Jorg Lanz von Liebenfels. Dele, sabemos que passou seis longos anos recluso em um mosteiro cisterciense, onde se aprofundou no estudo do Antigo Testamento, mas sua carreira monástica se viu condenada ao fracasso quando foi expulso por alimentar pensamentos impuros. Após essa breve experiência a serviço da Igreja, voltou à vida secular para aturdir a todos que o rodeavam com sua extravagância e radicalismo. Primeiro, ele fundou a revista *Ostara*, da qual Hitler talvez fosse leitor assíduo, e depois a Ordem dos Novos Templários, ou Ordo Novi Templi (ONT), onde se preconizava a superioridade divina da raça ariana, mas se chegava a extremos até então inconcebíveis ao propor, entre outras coisas, que fossem esterilizados e deixados para morrer de fome, em campos de concentração, todos os grupos humanos tidos como inferiores.

O sinistro radicalismo de Liebenfels o levou a assegurar que Cristo foi um iniciado ariano que veio ao mundo para combater as forças do mal aglutinadas em torno da sinagoga. Em sua loucura, não hesitou em atribuir-se uma linhagem aristocrática, da qual obviamente nunca ofereceu provas, afirmando que era, nem mais nem menos, o descendente direto de Jacques de Molay, o último Grão-Mestre da Ordem dos Templários, cujos segredos haviam atravessado os séculos até ser decifrados por ele e seus acólitos, todos iniciados nos mistérios do Santo Graal.

O leitor deste ensaio deve achar inacreditável que alguém, em seu perfeito juízo, pudesse levar a sério semelhantes ideias, principalmente aqueles que, por meio de artes obscuras, quiseram dominar o mundo. Mas foi o que aconteceu, inclusive quando ele ousou assegurar que o relato bíblico da expulsão dos pais da humanidade do Paraíso não passava de uma lembrança distante do mito da Atlântida, onde, como sabemos e teremos ocasião de aprofundar, os nazistas afirmavam que o povo ariano se desenvolvera antes de degenerar pelo processo de mestiçagem com outras raças inferiores. Liebenfels foi mais longe: chegou a dizer que os humanos de cabelos escuros, entre os quais estavam os negros, os mongóis e os mediterrâneos, descendiam dos simiescos habitantes de Sodoma, e não passavam de sub-raças degeneradas. Felizmente, a ciência moderna não tardou a desmentir essa enorme tolice.

◆ Jorg Lanz von Liebenfels. Embora de raízes eminentemente católicas, Liebenfels acabou se transformando em um dos maiores inspiradores da nova religião pagã que os membros da SS procuraram impor à Alemanha.

Entretanto, se algo pode explicar e nos ajudar a entender como se deu o triunfo de tudo quanto se relacionava ao ocultismo na Alemanha de princípios do século XX, é o surgimento da Sociedade Thule, da qual faziam parte alguns dos hierarcas mais notórios do nazismo. Vejamos agora o que propunham esses novos iluminados.

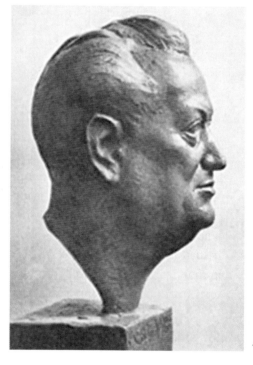

◆ Busto de Sebottendorf.

A SOCIEDADE THULE

O criador dessa nova sociedade, o barão Rudolf von Sebottendorf, nasceu na Prússia em 1875, pouco depois da unificação da nação alemã e, portanto, em um contexto propício a que entrasse em contato com as novas ideologias nacionalistas europeias, mas também com o mundo do ocultismo que, na época, começava a expandir-se impulsionado pelo triunfo do Romantismo.

Segundo seus próprios escritos, ainda muito jovem sentira a imperiosa necessidade de viajar para conhecer novas culturas, novos lugares e formas diferentes de vivenciar sua própria espiritualidade. Apaixonado pela religião islâmica, empreendeu uma série de viagens a fim de mergulhar na cultura egípcia e principalmente turca, da qual aprendeu novas técnicas de meditação para potencializar sua fé, sua sabedoria e seu equilíbrio pessoal, todas elas necessárias para levar a cabo a importante missão que o destino lhe reservava.

Sebottendorf recebeu seu batismo de fogo nas Guerras Balcânicas de 1912, das quais participou como soldado do exército turco, lutando com extrema valentia. Essa temeridade teve consequências, pois o intrépido prussiano foi gravemente ferido e resolveu voltar para a Alemanha, instalando-se em definitivo na Baviera em 1916. Ali, continuou seus estudos esotéricos e começou a dar forma a um conjunto de crenças em que se mesclavam as lições aprendidas do misticismo islâmico e a tradição sagrada presente na obra de List e Liebenfels, relacionada à existência de uma escrita hierática, que mais tarde deu origem às runas, que como sabemos fornecia informações concretas sobre o passado mítico e pagão do povo germânico. Mas em sua imaginação cabia ainda muito mais.

O barão chegou a considerar a Bíblia o veículo de uma extraordinária mensagem oculta, cuja interpretação daria a seu descobridor um grau de sabedoria superior à do resto dos mortais. Por esse motivo, voltou-se aos estudos da Cabala judaica.

Como resultado de todas essas inquietações, mas também em virtude de seu ódio incipiente a todos os movimentos esquerdistas, decidiu ingressar na Ordem dos Germanos, o que lhe valeu aprofundar-se em sua crença na existência de uma raça ariana superior. Mas o caráter egocêntrico e megalomaníaco de Sebottendorf impediu-o de ser um membro a mais em uma ordem controlada por alguém que não fosse ele mesmo, motivo pelo qual resolveu dar um passo à frente e fundar sua própria seita, a que deu o nome de Thule.

Sabendo que ele era um fanático dos mitos nórdicos, não nos custa entender a razão pela qual escolheu o nome de Thule para sua organização. Esse conceito lembrava a ilha lendária situada em um ponto impreciso do Atlântico Norte e que muitos relacionavam com a desaparecida Atlântida. A princípio, a sociedade foi concebida como mero clube literário para enaltecer os valores da cultura germânica, mas, no fim, transformou-se em simples disfarce de um bando de assassinos cujas vítimas foram os principais adversários dos grupos ultraconservadores alemães chamados *völkisch*. O ódio a tudo o que cheirasse a comunismo é que provocou o ataque dos guardas vermelhos da recém-proclamada República Soviética da Baviera à sede de Thule em 1919, que terminou pelo fuzilamento de alguns membros mais destacados da sociedade. Por esse motivo, Sebottendorf se viu forçado a deixar seu cargo e mesmo a Alemanha, por não ter previsto um ato que, em última análise, consagrou os primeiros mártires do movimento.

◆ Thule na carta marítima de Olaus Magnus. Os ideólogos do nazismo viram nesse reino desconhecido de Thule uma pista a mais para descobrirem a localização definitiva da Atlântida, que, segundo eles, era o berço da raça ariana.

A essa altura, perguntei-me como era, segundo as tradições, a misteriosa ilha de Thule que tanto fascinou os nacional-socialistas e, como veremos adiante, inspirou a organização de expedições incríveis para encontrar um lugar considerado por eles o berço da raça ariana. Em geral, a palavra *tule ou tile*, de origem grega, foi utilizada nas fontes clássicas para se referir a uma ilha situada no extremo norte do planeta, embora se empregassem também variantes como Tile, Thula ou Thyïlea. Já "a Última Thule" era uma expressão usada na geografia romana e medieval com referência a qualquer lugar distante, para além do mundo conhecido, que para os gregos eram as Colunas de Hércules. Isso coincidia com a localização que Platão propôs para o continente perdido da Atlântida. Relativamente a Thule, a primeira menção aparece na obra do geógrafo e explorador grego Píteas de Massália, do século IV a. C., que a dá como o país mais setentrional do globo, situado seis dias de viagem ao norte das Ilhas Britânicas, e posteriormente acrescenta que ali o sol jamais se punha no verão. Considerando-se essa descrição de Thule como uma região mais ou menos extensa, a mitologia clássica nos oferece uma explicação de certo modo contraditória, pois assegura que se tratava de uma cidade e, mais especificamente, a capital de Hiperbórea, o reino dos deuses.

A indefinição das fontes quanto à verdadeira natureza de Thule me lembrou a que existe no caso da espanhola Tartesso, vista por muitos como uma simples região ao sul da Península Ibérica e por outros como uma grande cidade situada além das Colunas de Hércules, capital do lendário rei Argantônio. Curiosamente, Tartesso foi associada também à desaparecida Atlântida, embora, como imaginará o leitor, sem nenhum tipo de evidência arqueológica ou literária.

Bem mais tarde, um historiador de tradição bizantina chamado Procópio de Cesareia retomou essa antiga lembrança ao afirmar que Thule era uma grande ilha habitada por 25 tribos, das quais alguns nomes são facilmente identificáveis, como os gautas ou os saamis. Cabe então supor que Procópio se referia a uma zona geográfica muito concreta: a região da Escandinávia.

Foi nesse lugar, e mais especificamente em uma ilha chamada Smola, fronteira à costa norueguesa, que alguns pesquisadores situaram a região de Thule, depois de examinar o mapa de Cláudio Ptolomeu. Outros preferiram indicar as ilhas Feroe, a Islândia e mesmo a Groenlândia, reproduzindo as notícias colhidas na *Gesta Hammaburgensis ecclesiae pontificium* [Feitos dos Bispos da Igreja de Hamburgo], de Adam de Bremen.

Apesar de tudo, a Thule citada pelo barão Sebottendorf não parecia provir dessas notícias das fontes clássicas e sim de outras estranhamente similares, colhidas da mitologia oriental, sobretudo tibetana. Segundo essas lendas, de cuja origem comum ele estava cada vez mais seguro, Thule era o lugar onde há muito tempo existiu uma terra sagrada, abençoada com um clima temperado e uma vegetação exuberante, situada na região Ártica. Espantosamente, o barão ouviu de alguns mestres tibetanos que nessa terra de excelentes recursos desenvolveu-se uma civilização superior, com toda a certeza a primeira do planeta, formada por homens loiros, altos e de cabeça redonda, mas sobretudo munidos de enormes poderes psíquicos e um código de honra para guiar suas ações. Ao que parece, essa raça superior tinha sido instruída por seres semidivinos ligados àquela terra, que lhes ensinaram todos os segredos das ciências e da arte.

◆ Emblema da Sociedade Thule. Essa sociedade foi originalmente um grupo ocultista e racista fundada por Rudolf von Sebottendorf com o nome de Grupo de Estudos da Antiguidade Alemã. Nos anos 1930, ela patrocinou o Partido Operário Alemão, que se transformou aos poucos no Partido Nacional-Socialista dos Trabalhadores Alemães por obra de Adolf Hitler.

Infelizmente para eles, tudo isso acabou em consequência de um cataclismo que sacudiu o mundo e que, em seguida, provocou uma mudança climática e a transformação da paisagem de Thule em uma estepe gelada. Ali, o progresso da vida se revelou impossível para alguns indivíduos, que se viram forçados a abandonar sua terra e expor-se ao maior dos perigos: um processo de mestiçagem com outras raças, o que causou a perda de seus poderes sobrenaturais. Não é de estranhar que os ideólogos do nazismo tentassem equiparar os antigos habitantes da ilha de Thule aos do continente perdido da Atlântida, localizando nesses lugares a origem de sua raça. Eles seriam, então, os últimos descendentes de uma linhagem heroica que havia alcançado um alto grau de civilização e cujos conhecimentos poderiam assombrar o mundo. Os membros do setor mais ocultista do Partido Nazista estavam tão convencidos disso que não pouparam meios para encontrar evidências do mundo perdido que fascinava os primeiros integrantes da Sociedade de Estudos da História Antiga do Espírito. Como já vimos, uma dessas viagens teve por destino o Tibete. Mas não foi a única: houve outras muitas.

CAPÍTULO 3

Em Busca dos Vestígios de um Mundo Perdido

A ATLÂNTIDA, "LAR DOS ARIANOS"

A descoberta da Atlântida se tornou um dos objetivos fundamentais dos homens da Ahnenerbe, sobretudo se levarmos em conta que, desde o princípio, os pesquisadores dessa organização puseram todo o seu empenho em legitimar e teorizar os postulados xenofóbicos e racistas do Partido Nacional-Socialista dos Trabalhadores Alemães.

Como dissemos, Herman Wirth foi escolhido por Heinrich Himmler para dirigir o instituto em 1935 e ali chegou convicto de que logo realizaria uma descoberta transcendental, capaz de abalar os fundamentos de uma ciência alemã sempre pronta a criticar seus postulados. Especialista que era em símbolos antigos, procurou identificar a escrita primitiva aqui referida, garantindo que fora inventada por uma civilização nórdica de tipo ariano, segundo ele originária da Atlântida, e mais tarde assegurou que sua descoberta permitiria decifrar os mistérios da antiga religião pagã dos arianos. Inspirado na teoria da deriva continental, Wirth estabeleceu uma nova linha de pesquisa, aventando que o Polo Norte tinha sido o berço dos arianos setentrionais, mas que uma sucessão de mudanças climáticas liquidou essa primeira raça, não sem antes permitir que alguns sobreviventes fossem procurar abrigo em um lugar remoto: para ele, a verdadeira Atlântida. Aqui, suas ideias não diferiam das de Himmler ou Rosenberg, para quem esse lugar mítico era um continente real de que ainda restavam vestígios disseminados por algumas ilhas do Atlântico Norte, como as Canárias ou os Açores. Contudo, se desejavam encontrar o lugar exato onde um dia esteve o continente perdido, deveriam antes conhecer a fundo sua história e as circunstâncias de seu desaparecimento.

◆ Herman Wirth. Aqui vemos Wirth, no último plano, supervisionando uma das escavações arqueológicas empreendidas na Escandinávia para tentar encontrar os restos da mítica Atlântida.

Conforme pude comprovar, a lembrança desse mundo antigo, dessa suposta civilização-mãe que tanta influência exerceu no porvir histórico dos grandes povos e culturas da Antiguidade, tomou forma escrita no século IV a.C., quando Platão falou sobre a existência de uma grande ilha estendida por metade do oceano Atlântico, muito além das Colunas de Hércules.

Wirth se aprofundou no estudo da obra do filósofo grego, especialmente seus diálogos *Timeu* e *Crítias*. Essa leitura o convenceu de que a Atlântida foi uma grande potência, com um alto grau de desenvolvimento, onde viviam inúmeros super-homens governados por uma elite composta de anciãos da cidade que, com a ajuda dos deuses, conseguiram criar algo parecido com uma sociedade perfeita, dotada de leis excelentes e um código de conduta baseado nos mais elevados princípios de honra e virtude.

◆ Herman Wirth.

Essa estranha história foi contada pelo pai de Crítias, depois que o famoso legislador ateniense Sólon lhe revelou que, durante uma de suas viagens ao Egito, soubera pelos sacerdotes de Saís dos acontecimentos ocorridos após a formação desse grande império atlântico. Além do mais, nos diálogos platônicos sobre o continente perdido, Wirth leu que os deuses, no começo, governavam a Terra, mas, para evitar atritos, tomaram a sábia decisão de repartir o mundo entre si. Foi assim que Poseidon recebeu a Atlântida, onde desde então estabeleceu uma longa dinastia de reis que conseguiram conservar o poder durante centenas de anos.

Tudo parecia ir bem, mas a natureza desses seres quase perfeitos começou a se corromper com o passar do tempo, provocando a ira de Zeus, que decidiu exterminar o país dos atlantes, por volta do ano 9000 a.C., com todo tipo de catástrofes e flagelos, ao mesmo tempo que a cidade era derrotada após uma tremenda guerra contra os exércitos atenienses. Afora a óbvia defasagem cronológica, o que realmente chamou a atenção do polêmico pesquisador alemão foi o fato de os sacerdotes egípcios conseguirem se lembrar de um acontecimento tão remoto. No *Crítias*, lemos:

> Vossa cidade [Atenas] aniquilou outrora um poder insolente que invadia ao mesmo tempo toda a Europa e toda a Ásia, lançando-se sobre elas do fundo do mar. Naquela época, com efeito, era possível atravessar essas águas. Havia, diante do local que chamais de Colunas de Hércules, uma ilha maior que a Líbia [África] e a Ásia juntas. Os viajantes podiam passar dessa ilha às outras e destas ao continente, na costa fronteira de um mar que bem merecia seu nome [...] Na Atlântida, reis haviam construído um império grande e maravilhoso.

O próprio sacerdote egípcio garantiu a Sólon que, depois dessa guerra, houve horrendos terremotos e cataclismos. No prazo de um dia e uma noite, todo o exército atlante foi tragado de um golpe pela Terra, enquanto a própria ilha se abismava no mar e desaparecia. Foi então que a história, conforme ouviu o sábio Sólon, se transformou em lenda e, hoje em dia, a maior parte dos historiadores acha que a existência desse enorme continente perdido não deve sequer ser levada a sério, interpretando-a como simples fábula inventada por Platão para poder localizar em uma espécie de reino imaginário a sociedade maravilhosa que ele sonhava para sua amada Atenas.

Wirth, como depois fariam os mais eminentes líderes ocultistas do nazismo, entre eles Hess, Himmler e Rosenberg, não duvidou da existência histórica daqueles atlantes que haviam conseguido sobreviver em lugares isolados e até em mundos subterrâneos. Seduzido pelo mito, iniciou assim uma busca para encontrar evidências dessa lendária civilização.

◆ Mapa da Atlântida segundo Ignatius Donnelly.

Para tanto, valeu-se das pesquisas de alguns historiadores de viés heterodoxo que, desde o século XIX, julgavam real uma suposta civilização-mãe que, apesar dos elementos puramente lendários, devia ser considerada de um ponto de vista histórico. Essas novas ideias foram reforçadas por estudos comparativos com as mais famosas civilizações da Antiguidade, cujos valores culturais, religiosos, artísticos e mitológicos coincidiam de forma assombrosa, embora não houvesse menção de contatos possíveis entre elas, e isso tornava necessária a presença de um terceiro agente para a transmissão dos citados conhecimentos.

Além de tudo, muitos outros historiadores, alguns deles bem mais sérios que os ligados ao nazismo alemão e às temíveis SS, comprovaram que Platão não foi o único a escrever sobre a Atlântida. Historiadores clássicos como Teopompo, Diodoro da Sicília e o próprio Heródoto fizeram alusão ao mito, enquanto Santo Agostinho, Plutarco e Estrabão preconizaram a existência de civilizações míticas cuja lembrança se perdia entre as brumas da história. O mais curioso é que alguns deles certamente tiveram acesso ao conhecimento guardado na Biblioteca de Alexandria, entre eles Estrabão, que segundo consta a visitou no século I a.C., podendo ter colhido ali informações sobre esse mundo perdido.

Se a Atlântida era para eles algo real e se os homens da Ahnenerbe queriam achá-la para reforçar suas teorias raciais, seria necessário descobrir pistas confiáveis que lhes apontassem o local onde deviam iniciar suas buscas. Descobriram essas pistas, de novo, nos diálogos de Platão. Conforme a descrição de Crítias, a Atlântida possuía:

> Todos os metais [...] que se podem extrair das minas. Primeiro, aquele de que conhecemos apenas o nome, mas do qual existia, além deste, a própria substância: o oricalco. Era extraído da terra em diversos pontos da ilha, sendo, depois do ouro, o mais precioso dos metais que existiam naquele tempo. Do mesmo modo, a ilha oferecia com prodigalidade tudo o que a floresta pode dar em materiais adequados ao trabalho do carpinteiro e do ebanista. Nutria com abundância os animais domésticos ou selvagens, inclusive a espécie dos elefantes, que ali se achava plenamente representada [...] Produzia também o fruto lenhoso que nos fornece ao mesmo tempo bebidas, alimentos e perfumes, o fruto escamoso de difícil conservação, feito para nos instruir e nos entreter, que nós oferecemos após a refeição da tarde, para aliviar o peso do estômago e o cansaço do convidado.

Para Wirth, o mais importante era estabelecer as características físicas da cidade desaparecida para ter uma ideia do que iria encontrar em sua busca da capital atlante. Pelo que pude saber, seus habitantes construíram uma cidade dominada por uma montanha onde se erguiam um palácio espetacular e o templo de Poseidon, rodeada por círculos concêntricos de água que permitiam a entrada de todo tipo de navios procedentes de alto-mar. O que mais se destacava era um grande canal exterior de cinquenta estádios de comprimento, construído para ligar a costa ao anel exterior de água em torno da cidade. Segundo Platão:

Depois, também nas áreas de terra que separavam os círculos de água, abriram passadiços à altura das pontes, os quais permitiam a uma só trirreme passar de um círculo a outro, e cobriram-nos: assim, a navegação era subterrânea, pois os parapeitos dos círculos de terra se elevavam suficientemente acima do mar. A maior das áreas de água, aquelas em que o mar penetrava, tinha três estádios de largura; a área de terra que se lhe seguia, uma largura igual. No segundo círculo, o anel de água tinha dois estádios de largura; o de terra, a mesma medida. Entretanto, o cinturão de água que rodeava imediatamente a ilha central tinha apenas um estádio de largura. O diâmetro da ilha, onde se encontrava o palácio dos reis, era de cinco estádios. Além do mais: a ilha, as áreas e a ponte, com largura de um pletro, eles as rodearam totalmente com uma muralha circular de pedra. Instalaram torres e portões nas pontes, em todos os lugares por onde passava o mar. Tiraram as pedras necessárias de sob a periferia da ilha central e das áreas, tanto no exterior quanto no interior. As pedras eram brancas, pretas e vermelhas. Ao mesmo tempo que extraíam a pedra, esvaziavam dentro da ilha duas docas para navios, feitas com a mesma pedra da cobertura. Entre as construções, umas eram bastante simples; outras mesclavam os diversos tipos de pedras, com cores para agradar a vista e uma aparência naturalmente atraente. A muralha que rodeava a área mais externa foi revestida de cobre em todo o seu perímetro circular, como se tivesse sido pintada. Recobriram de estanho fundido a área interna e, de oricalco, que projetava reflexos de fogo, a área em torno da Acrópole.

Quanto ao palácio, foi o lugar onde Poseidon e Clito conceberam os dez chefes das dinastias reais. Wirth não podia duvidar de sua suntuosidade, pois aparentemente era um edifício enorme e revestido de prata, com exceção das arestas da viga mestra, cobertas de ouro. Seu interior estava repleto de ouro, prata, marfim e oricalco, o que permitia imaginar a riqueza e o desenvolvimento tecnológico dessa civilização antes de ser destruída pelos deuses.

◆ Nemo e Aronnax diante das ruínas da Atlântida.

Essa ideia de uma Atlântida pura e perfeita foi materializada pelos alemães do Terceiro Reich quando se tornou objeto de estudo por parte dos membros da Ahnenerbe. Embora indiretamente, uma das grandes responsáveis pelo início dessa busca extravagante foi Helena Blavatsky, a espiritualista russa residente em Nova York e divulgadora das doutrinas teosóficas. Em 1871, um mestre (Rishi) brâmane Caxemira chamado Koot Hoomi lhe passou uma informação decisiva para a compreensão de sua filosofia. Segundo o próprio *mahatma*, existia uma civilização perdida e, como prova, ele mostrou a Blavatsky uma série de mapas nos quais se mencionavam sete raças sucessivas, das quais a ariana era a última e superior às demais.[1] Sem dúvida, as ideias teosóficas não deixaram de ser incorporadas pelos grupos ocultistas alemães ultraconservadores, sobretudo depois que essas teorias foram retomadas pela estudiosa britânica Annie Besant.

Nesse contexto é que começa a evoluir a ideia da Atlântida como origem da raça ariana, principalmente depois da Primeira Guerra Mundial. Assim, em 1922, Karl Georg Zschaetzsch publica um ensaio com este título extraordinariamente sugestivo: *Atlantis die Urheimat der Arier* [Atlântida, a Terra Natal dos Arianos]. Pouco depois, como já mencionamos, a Sociedade Thule inicia a busca do continente Hiperbóreo, um paraíso perdido ao norte do oceano Atlântico. A Ahnenerbe deu continuidade a essa missão, cuja intenção era revelar ao mundo a existência de uma antiga estirpe germânica com protagonismo

---

1 Na realidade, o que esse mestre passou para Helena P. Blavatsky era que, das Sete Raças Raízes, a raça ariana (que abrangeria dos indianos aos celtas, passando pelos iranianos e teutônicos) era a mais nova em termos de desenvolvimento, e a mais mental, racional de todas. Devaneios posteriores por parte dos ariosofistas de Viena, como Guido von List e Jörg Lanz von Liebenfels, distorceram essa informação e imputaram aos germânicos o rótulo de arianos, tornando essa informação a base do racismo que surgiria com força política na obra de Alfred Rosenberg, entre outros teóricos nazistas obcecados com a questão da pureza racial nórdica. (N. do E.)

na origem da civilização ocidental. Essa suposição é que animou o heterogêneo grupo de estudiosos nazistas, entre os quais estava, obviamente, Herman Wirth, a recuperar o ancestral conhecimento ariano em lugares tão remotos ou díspares quanto o Tibete, a Escandinávia, a América do Sul, a África e até o fundo do Atlântico.

A EXPEDIÇÃO DE WIRTH

Wirth estava convencido das origens árticas do povo alemão. No clima inóspito dessas longínquas e frias regiões, onde a luz do sol se destacava por sua ausência, os antigos nórdicos haviam elaborado um novo sistema de crenças que via no Sol a grande divindade celeste. A fim de comemorar as datas importantes do calendário e as festividades religiosas, esses grupos tribais inventaram símbolos estranhos, as curiosas runas, que mais tarde evoluiriam até se tornar um possível sistema de escrita. Era, pelo menos, o que pensava o *prestigioso* erudito da pré-história, certo como estava de ser o escolhido para decifrar esse tipo ancestral de escrita, pai de todos os alfabetos, dando assim o primeiro passo para que os alemães recuperassem seu prestígio perdido após um fim traumático durante sua capitulação na Primeira Guerra Mundial.

A princípio, Wirth julgou encontrar indícios dessa escrita antiga na província da Frísia e para lá se dirigiu com a intenção de provar que, naquela região holandesa, ainda se podia observar uma espécie de hieróglifo gravado em toscas esculturas de madeira que adornavam as empenas de várias granjas frísias. Essa foi uma das primeiras pistas utilizadas pelos nazistas para tentar chegar ao lugar de seus sonhos nas terras setentrionais, onde viveu a raça primigênia antes de se transferir para o continente perdido da Atlântida.

Desse modo, foi se esboçando aos poucos a primeira viagem de exploração propriamente dita do culto historiador alemão da pré-história. Em 1935, Wirth se dirigiu à costa oeste da Suécia, uma região conhecida pelo nome de Bohuslän, para estudar umas esculturas da Idade do Bronze onde estava representada uma série de enigmáticas suásticas. Em 1936, sendo já diretor da Ahnenerbe, conseguiu convencer o *Reichsführer SS* Heinrich Himmler a organizar uma nova expedição à Escandinávia, que finalmente partiu nesse mesmo ano.

A nova viagem contou com a colaboração de Wolfram von Sievers, um personagem perverso convidado a assumir a direção da Ahnenerbe devido, entre outras coisas, a seu extraordinário talento para a gestão das muitas responsabilidades que foi assumindo na organização. Um de seus primeiros encargos consistiu em conseguir fundos para financiar uma expedição tão cara, sem deixar escapar a oportunidade de engambelar um nazista convicto, o doutor Johannus Stark, diretor da Sociedade Alemã para a Preservação e o Fomento da Pesquisa, que contribuiu com a quantia nada desprezível de 8 mil marcos. Porém, essa generosa contribuição não bastou nem de longe para fazer frente a todos os gastos do projeto de Wirth, e por isso as SS, a cuja frente estava o sovina Heinrich Himmler, tiveram de abrir os bolsos e doar o resto do dinheiro para pôr em marcha a nova aventura, encabeçada pelo historiador da pré-história alemão, que se fez acompanhar pelo escultor Wilhelm Kottendort, o fotógrafo da SS Helmut Bousset e outros quatro membros da Ahnenerbe.

De novo viajaram para Bohuslän, mas dessa vez com a intenção de obter uma série de moldes, fiéis reproduções das esculturas ali encontradas, para levá-las depois à Alemanha e estudá-las com atenção. O empreendimento não foi de modo algum fácil, bem ao contrário. Sabemos que a equipe teve de superar imensas dificuldades para chegar aos locais inóspitos e escarpados onde se escondiam as enigmáticas figuras. Apesar da idade, o erudito historiador alemão da pré-história mostrou uma vontade inquebrantável e uma força física fora do comum (não esqueçamos que morreu com cerca de 100 anos) e, em consequência, não hesitou escalar paredões a pique e fiordes vertiginosos, além de atravessar florestas escuras e frondosas até chegar a seu objetivo, as ansiadas esculturas que seriam a chave para ele decifrar o enigma relacionado ao surgimento da raça ariana.

As descobertas até esse momento eram apenas um começo. Mas, apesar de tudo, Wirth se permitiu enviar uma carta a Himmler, em setembro de 1936, exagerando a inigualável importância de seus achados e garantindo que quem quisesse agora estudar a natureza da raça alemã teria de comparecer à sede da Ahnenerbe para examinar os 55 grandes moldes que ele havia tirado até o momento. O estudioso alemão não se deu por satisfeito, pois havia muita coisa em jogo e ele não podia deixar escapar uma oportunidade como essa. Com o restante de sua equipe, fez de novo as malas para se dirigir à costa ocidental da Noruega, mais especificamente à ilha de Rodoyo, perto das latitudes que já prenunciavam o Círculo Polar Ártico, no empenho de encontrar outros vestígios que lhe permitissem entender a origem dos primeiros arianos.

Mas Wirth não contava com a condenação pública que o próprio Adolf Hitler lançou contra seu trabalho. Para o ditador alemão, o que realmente importava era preparar os jovens arianos para a luta iminente com a qual se decidiria o futuro da humanidade. Em seu livro *La Orden Negra. El ejército pagano del III Reich* [A Ordem Negra. O Exército Pagão do III Reich], o escritor e jornalista Óscar Herradón traz uma citação tirada de um dos discursos de Hitler no tradicional encontro de Nuremberg, cujo conteúdo não pode ser mais esclarecedor:

> Nós não temos nada a ver com esses elementos que só entendem o nacional-socialismo em termos de falatório e sagas, confundindo-o assim, muito facilmente, com vagas frases nórdicas e iniciando agora sua pesquisa com base em motivos ligados a uma mística cultura atlante.

◆ Congresso de Nuremberg. Apesar de sua paixão pelo ocultismo, Adolf Hitler, acossado pelos acontecimentos, teve de condenar o trabalho de Herman Wirth e sua busca pela Atlântida.

Hoje, ninguém mais discute a paixão de Adolf Hitler pelo ocultismo e o estudo da mitologia germânica. Mas, ainda assim, suas prioridades eram óbvias. Ele se apresentava como um messias, um ser superior escolhido pelo destino para conduzir a Alemanha à vitória. As pesquisas de Wirth lhe pareciam interessantes, mas, pelo que podemos adivinhar, começava a sentir-se enfastiado com a descarada insistência de seus mais leais seguidores em investir uma verdadeira fortuna na organização de expedições pelo mundo inteiro a fim de encontrar os vestígios de indivíduos hercúleos de cabelos loiros, olhos azuis e quadris estreitos.

Diante dessas palavras, seu braço direito, Heinrich Himmler, não teve outra saída a não ser desautorizar imediatamente Wirth, que ainda se achava na Noruega a ponto de descobrir (conforme supunha) novas pistas que o levariam ao continente perdido da Atlântida.

CAPÍTULO 4

Uma Odisseia no Altiplano Boliviano

A DOUTRINA DO GELO UNIVERSAL OU COSMOGONIA GLACIAL

Como já sabemos, nos anos 1930, boa parte dos cientistas nazistas se deixou levar por uma série de pensamentos mágicos, divulgados por personagens esquisitos e obcecados com a ideia de corroborar certas teorias delirantes e impiedosas, cuja assimilação supunha pôr em prática políticas atrozes que desembocaram em uma das maiores catástrofes de nosso passado.

Uma dessas teorias foi a da cosmogonia glacial, desenvolvida no início do século XX por um controvertido astrônomo austríaco chamado Hans Hörbiger. Segundo esse cientista fanático, o gelo estava na origem de tudo quanto existe no universo. Os corpos celestes eram cheios desse elemento, mas, no princípio, antes de o universo assumir a forma atual, havia uma enorme massa de fogo cuja interação com o gelo provocou um antagonismo entre os dois princípios. Como sempre, os nazistas não tardaram a relacionar essa teoria absurda com sua visão adulterada da realidade, interpretando-a como uma espécie de conflito entre uma suposta raça superior, a dos arianos, e os seres inferiores contra os quais estavam dispostos a combater.

◆ Hans Hörbiger. A teoria da cosmogonia glacial é um dos melhores exemplos da apropriação de uma hipótese pseudocientífica com fins políticos. Em seu desenvolvimento, não se empregou nenhum método científico: ela não passava do resultado dos sonhos proféticos do próprio Hörbiger.

E assim fizeram. Os alemães nacionalistas identificaram essas ideias com as velhas narrativas da mitologia nórdica, onde se mencionava a existência de um caos primitivo gerador de um novo mundo, fruto de uma luta, no vasto abismo do

Ginnungagap, entre o norte gelado, representado por Niflheim, e a matéria quente, o Muspelheim. O choque entre o gelo e o fogo provocou o derretimento do primeiro, que se transformou em água, cujas gotas se diluíram na substância *eitr* para formar o corpo de Ymir, pai de todos os gigantes de gelo. Ademias: segundo Hörbiger, todos os grandes corpos celestes, entre eles nosso planeta, acabaram atraindo com sua força de gravidade os pequenos satélites que orbitam a seu redor até colidir com eles e provocar grandes cataclismos – terremotos, inundações e tremendas mudanças climáticas, como os que ocorreram na Terra depois que a Lua se chocou com ela em três ocasiões diferentes. A última dessas grandes catástrofes foi a que destruiu o continente perdido da Atlântida e, é claro, a suposta raça dos arianos, há cerca de onze mil anos.

A história parecia teimar em repetir-se. Segundo Hörbiger, os poucos sobreviventes do continente perdido haviam fugido para se pôr a salvo da subida das águas e construíram cinco colônias ou redutos, no Tibete, México, Nova Guiné, Abissínia e Tiahuanaco, em terras bolivianas, onde concentrou sua atenção outro pesquisador ligado à Ordem Negra da SS, Edmund Kiss.

Nascido em 1886, o jovem Kiss logo se sentiu atraído pelo estudo do passado mítico e do folclore do povo alemão, no momento em que, conforme sabemos, pululavam as teorias raciais relacionadas ao triunfo das teses ultranacionalistas. Após a derrota do Império Alemão na Primeira Guerra Mundial, Kiss resolveu aplicar seu talento à pesquisa das ideias propostas por Hörbiger na teoria do gelo. Desde o começo, o pesquisador se concentrou no continente americano, mais especificamente em um lugar cheio de mistérios nas proximidades do lago Titicaca, o mesmo onde, conforme li, teriam se instalado alguns dos últimos sobreviventes atlantes.

Em 1928, aproveitando os 20 mil marcos ganhos em um concurso literário, Kiss decidiu se transferir para a Bolívia, para a cidade de Tiahuanaco, onde esses ancestrais refugiados haviam erigido uma aglomeração espetacular valendo-se de tecnologia avançada. Uma vez ali, junto com o resto da equipe, percorreu várias vezes a cidade atrás de evidências que lhe permitissem validar ideias totalmente desdenhadas pela grande maioria da comunidade científica.

NA CIDADE MÁGICA DE TIAHUANACO

Enfim, chegou ao lugar com que sonhara a vida inteira. Ali permaneceu vários meses, buscando qualquer pista que comprovasse a existência de uma cidade sofisticada, abandonada após algumas erupções vulcânicas seguidas de formidáveis inundações que alagaram o árido altiplano boliviano. Sem tempo a perder, Kiss começou a elaborar uma série de mapas e esboços nos quais procurou reproduzir de forma fidedigna todas as inscrições espalhadas por aquele enigmático sítio arqueológico.

Um dos monumentos que mais chamou sua atenção foi a Porta do Sol, o Inti Punku, sobretudo o lintel onde se via a imagem do deus Viracocha no meio de um grupo de seres alados, alguns cobertos com belas cabeças de condor. Mas sua excitação foi ainda maior quando tomou conhecimento de uma antiga lenda aimará segundo a qual a porta encerraria um estranho segredo que os habitantes haviam escondido em Lakaqullu para ajudar a futura humanidade, ameaçada de extinção. Obcecado com o mistério que envolvia essa porta do centro cerimonial boliviano, o pesquisador alemão chegou a relacionar a inscrição do lintel com um calendário astronômico, o qual, se ele o decifrasse, lhe permitiria corroborar as teorias de Hörbiger e sua cosmologia glacial. Extasiado, não hesitou em rechaçar a cronologia oficial de Tiahuanaco, fixada em torno do século II a.C., chegando a afirmar que o sítio tinha pelo menos alguns milhões de anos. Pura e simplesmente!

◆ Edmund Kiss em Tiahuanaco. A obsessão dos nazistas por encontrar a Atlântida, segundo eles berço da raça ariana, fez com que alguns projetassem longas viagens para descobrir vestígios do lugar onde se abrigaram os últimos sobreviventes do continente platônico.

O tempo não dava trégua e os fundos aplicados na inaudita expedição começavam a escassear; por isso, com enorme desgosto, Kiss precisou fazer as malas e voltar para a Velha Europa, mas animado com a ideia de dar a conhecer suas insólitas teorias em uma série de livros que, de fato, seduziram os nazistas. A situação era propícia e o campo estava completamente aberto para que os alemães mais nacionalistas recebessem, embevecidos, aqueles ensaios heterodoxos e narrativas de ficção que se tornaram verdadeiros *best-sellers*.

Em 1931, veio a público seu romance *Fruehling In Atlantis* [Primavera na Atlântida], onde desenvolveu uma trama que iria repetir mais tarde, insistentemente, em novos trabalhos. Falava de uma civilização mítica, liderada por uma elite social, os *asen*, e formada por um grupo de guerreiros nórdicos loiros em permanente conflito com uns espantosos e violentos eslavos de pele morena que, como mostra de sua iniquidade, assassinaram o líder *asen*, um tal Baldur Wieborg de Thule – uma criatura afável, bondosa e justa. Tentando transferir suas próprias concepções políticas e históricas para a ficção, Kiss escreveu nesse mesmo ano de 1931 *Die letzte Koenigin von Atlantis* [A Última Rainha da Atlântida], em que narrava a epopeia dos últimos sobreviventes atlantes e sua marcha rumo às aneladas terras de Tiahuanaco, há catorze mil anos. Ali, antecipando o que bem mais tarde os nazistas fariam na Europa dos anos 1940, os atlantes realizaram experiências raciais desumanas com alguns indivíduos previamente escravizados e condenados ao extermínio.

Ostentando tais precedentes, é de supor que Edmund Kiss não teve grandes problemas para ingressar nas fileiras da SS e da Ahnenerbe, sobretudo após a publicação de sua obra principal, *Das Sonnentor von Tihuanaku und Hörbigers Welteislehre* [A Porta do Sol de Tiahuanaco e a Doutrina do Gelo Universal de Hörbiger], onde narra suas saudosas peripécias pelo altiplano boliviano, embelezadas com uma boa dose de imaginação em desenhos de templos que pouco ou nada tinham a ver com a realidade e de habitantes altos, loiros e esbeltos, vestidos com roupas de corte futurista e tremendamente exóticos. Embora seja difícil de acreditar, essa maluquice causou sensação nas fileiras nacional--socialistas, a ponto de revistas como *SS Mann* e *Die Hitlerjugend* festejarem pressurosamente o livro. E há mais: segundo o pesquisador Óscar Herradón, autor de *La Ordem Negra*, o próprio Heinrich Himmler "ficou cativado pelo livro e ordenou até que se encadernasse um exemplar com couro da melhor qualidade para dá-lo como presente luxuoso de Natal a Hitler".

Mais alto não se podia chegar. Além disso, sendo membro da SS, Kiss estava em condições de buscar o apoio necessário para continuar aprofundando suas pesquisas e começou a agir nesse sentido, obcecado como estava pela ideia de conseguir uma nova oportunidade para voltar à enigmática cidade sul-americana. Dessa vez não deixaria nada ao acaso e, por isso, resolveu viajar com uma numerosa expedição na qual não faltariam os mais polêmicos especialistas em astrologia e arqueologia, mas também biólogos, zoólogos e experientes equipes de filmagem, além de um batalhão da SS para garantir a segurança dos membros do grupo.

◆ Edmund Kiss. Nos julgamentos de Nuremberg, Kiss alegou inocência declarando que era apenas um arqueólogo. Mas hoje ninguém duvida do envolvimento desse controvertido personagem em algumas expedições da SS.

Himmler não cabia em si de contente. Nos últimos meses, vinha acumulando encargos, todos apaixonantes, e o que Kiss agora lhe apresentava era dos mais atraentes. Por isso, pediu a Wolfram von Sievers que fizesse um esforço extra para arrecadar os fundos necessários à consecução do projeto. Ele assumiu também a responsabilidade de concluir os detalhes finais para o início da nova viagem ao enigmático sítio pré-colombiano; mas, para desconsolo do *Reichsführer SS*, as coisas não seriam tão simples assim, pois o custo da expedição se revelou absolutamente proibitivo para as finanças de um Estado que se preparava para a guerra. Além disso, no momento a Ahnenerbe se concentrava toda na viagem de Ernst Schäfer, de sorte que o plano de Kiss foi temporariamente adiado para quando as circunstâncias permitissem ao Reich dispor dos 100 mil marcos necessários à realização do sonho de um pesquisador, Edmund Kiss, que de modo algum queria ver frustradas suas ânsias de aventura.

◆ Ruínas de Tiahuanaco.

À beira do desespero, o pesquisador alemão solicitou formalmente que lhe fosse concedida autorização para juntar-se à equipe de Schäfer. Era o mínimo que podiam fazer por ele, por um estudioso tão sério e que tanto havia trabalhado pela causa. O que ele nem de longe podia imaginar era que sua proposta seria negada novamente e de maneira ainda mais humilhante. Ao que parece, Schäfer não podia permitir a presença dele entre os seus – e não apenas pelas ideias extravagantes e fantasiosas de Kiss, mas sobretudo por suas escassas aptidões físicas, incompatíveis com as árduas provas que esperava a equipe alemã em terras do Tibete. Quando o obstinado Kiss, fora de si diante de uma recusa tão injusta, pediu explicações aos homens da Ahnenerbe, estes não hesitaram em lhe dizer a verdade: Edmund Kiss fora descartado porque pesava mais de cem quilos. Continuava sendo um bom ariano, de raça superior – mas estava um pouco gordo.

CAPÍTULO 5

---◆---

Objetos de Poder. A Busca do Domínio Mundial

O CRÂNIO DO DESTINO

Em um trabalho anterior, tive a oportunidade de estudar detalhadamente o significado e o trajeto histórico de um objeto de poder cuja compreensão me fascinou desde o instante em que percebi sua importância: a Mesa do Rei Salomão. Tudo em torno disso me seduziu a tal ponto que, a partir de então, minha atitude frente ao entendimento dos fatos de nosso passado mudou radicalmente, abrindo-se diante de mim novas perspectivas que antes sequer me haviam ocorrido.

De um modo geral, os objetos de poder são interpretados como artefatos revestidos de sacralidade por terem pertencido a uma pessoa fora do comum (ou ao menos estado em contato com ela). Contam-se entre eles, evidentemente, as relíquias cristãs relacionadas com a Virgem, os santos e, acima de tudo, Jesus Cristo. Outro grupo importante é formado pelos objetos sagrados da tradição do Antigo Testamento, associados com personagens bíblicos, como a Arca da Aliança, a Pedra do Destino e a própria Mesa de Salomão. Para minha surpresa, descobri que eles não eram patrimônio apenas da religião judaico-cristã, mas que praticamente em todas as seitas existiam artefatos que, usados de determinada maneira, podiam conferir poderes praticamente ilimitados a seus possuidores.

Supunha-se que alguns desses talismãs proporcionassem a seus donos o acesso a um grau superior de sabedoria, enquanto outros estariam vinculados à obtenção de um estado de pureza espiritual reservado aos mais nobres e puros buscadores da verdade. Havia também objetos que proporcionavam a vida eterna ou que outorgavam a seus usuários o poder político e o domínio terreno sobre o resto dos mortais. Por fim, mas não menos importantes, existiam alguns que podiam ser utilizados como autênticos artefatos tecnológicos capazes de semear o terror entre os inimigos daquele que os controlasse.

Não é de estranhar que os nazistas, em sua ânsia de dominar o mundo, sentissem verdadeira devoção e desmesurado interesse pela descoberta de alguns desses objetos espalhados pelo planeta, desde os picos gelados do Himalaia ao interior das inóspitas e intransitáveis florestas da Amazônia brasileira. Uma dessas relíquias era o famoso Crânio do Destino, descoberta muito antes, em 1927, pelo intrépido arqueólogo britânico Albert Mitchell em uma cidade maia da península do Iucatã.

O protagonista dessa descoberta polêmica nasceu a 22 de outubro de 1882 no seio de uma família excessivamente rigorosa, autoritária e conservadora, motivo pelo qual a criança foi mandada, desde cedo, para um internato onde vigorava uma disciplina férrea, mas que não o impediu de desenvolver uma personalidade sonhadora e livre. Sua impaciência com as regras o levou a passar a maior parte do tempo praticando todo tipo de esportes, enquanto lia com proveito as biografias que caíam em suas mãos, dos grandes exploradores da história. Assim, quase automaticamente, decidiu empreender sua primeira grande viagem de exploração aos 16 anos de idade. A sede de aventura, bem mais forte que o bom senso, levou-o a um dos lugares mais frios e inacessíveis do planeta: o Ártico gelado, onde sabemos que conviveu com famílias de esquimós que lhe contaram, ao calor da fogueira, antigas histórias e tradições atávicas, incompreensíveis para o homem europeu de finais do século XIX. Isso era o que sempre havia desejado. E, quando regressou ao lar, compreendeu que sua vida não faria sentido algum, caso se rodeasse novamente dos confortos do mundo moderno. Em 1900, empreendeu uma nova viagem, mas dessa vez para nunca mais voltar. Seus passos o levaram de novo para o grande norte, para as terras do vasto Canadá, onde não permaneceu muito tempo: logo iniciou outras aventuras e passou a perseguir outros sonhos. O problema é que Albert Mitchell-Hedges já estava farto do frio extremo que já padecera em sua viagem anterior ao Ártico e não queria permanecer em uma região de clima semelhante; por isso, resolveu tentar a sorte e ir para a vizinha Nova York. Ali, a fortuna voltou a sorrir-lhe porque, quase imediatamente, ganhou muito dinheiro graças a investimentos bem-sucedidos na bolsa. Mas Mitchell não podia se sentir satisfeito com essa existência insossa, que não era para ele. As ruas de Nova York logo presenciaram sua desmesurada paixão pela vida noturna e todos os prazeres usufruídos à custa de uma fortuna que foi dilapidando até ficar, sem quase se dar conta, novamente sozinho, arruinado e com um irrefreável impulso de se pôr de novo em movimento.

Nesse instante, sua mente voltou a se povoar com as antigas histórias que havia lido no internato, quando criança. E sua imaginação voltou a ferver ao recordar os atos heroicos dos exploradores espanhóis no país dos astecas, em busca dos incontáveis tesouros que, sem dúvida, ainda existiam naquelas terras cheias de mistério. Era hora de partir para concretizar seus velhos sonhos e ele decidiu cruzar a fronteira mexicana.

Pouco depois de entrar no país, enquanto percorria o Estado de Chihuahua, o pesquisador britânico teve a má sorte de cair nas mãos de um grupo de bandoleiros comandados pelo temido Pancho Villa. Em desespero, o dedicado arqueólogo chegou a temer pela própria vida ao notar o pouco valor que a ela davam os rudes revolucionários mexicanos. Procurou, então, fazer de tudo para escapar daquele atoleiro da melhor forma possível e parece que nisso se saiu muito bem, pois, após vários dias retido contra a vontade, Mitchell--Hedges conseguiu despertar a simpatia de seus sequestradores, que, surpreendentemente, resolveram libertá-lo sem lhe causar nenhum mal – e, mais surpreendentemente ainda, sem pedir nenhum resgate.

Sua felicidade não podia ser mais completa. Entretanto, logo percebeu que o lugar aonde chegara era o mais parecido possível com um mundo de loucos porque, meses depois, ainda tentando adaptar-se aos estranhos costumes locais do belo país dos mexicanos, o inglês foi atacado por outro grupo de bandoleiros que tentaram abatê-lo a tiros. Para qualquer outra pessoa esse teria sido o fim, mas nosso protagonista era, em definitivo, um homem de sorte, já que nenhum dos ferimentos se revelou mortal. Esse episódio o levou a concluir que havia chegado o momento de pôr a cabeça no lugar. Então, resolveu passar mais tempo com sua jovem esposa, a norte-americana Lillian Agnes Clarke, e sua filha de 13 anos, Anne Marie, que em 1917 o casal havia adotado. A adolescente, a partir desse momento, rendeu-se à vida apaixonante de seus novos pais, cheia de aventuras e viagens a lugares exóticos onde o real se fundia com o mágico.

O tempo foi passando e, em 1924, a família completa chegou à Honduras Britânica, onde Hedges entrou em contato com um arqueólogo famoso, Thomas Gann, conhecido por sua busca incessante de cidades perdidas e que imediatamente lhe propôs uma nova expedição a um lugar oculto no meio da selva, que segundo os indígenas maias tinha fama de maldito: Lubaantún.

Não sem algum receio, os Hedges começaram a planejar outra jornada em busca de aventuras. A seus ouvidos começaram a chegar antigas histórias que falavam de desaparecimentos inexplicáveis daqueles que ousavam desafiar o segredo de uma cidade em torno da qual se criara uma lenda sombria. O caminho para Lubaantún não foi nada fácil. Uma vegetação frondosa parecia insistir em desviar o pesquisador inglês de seu destino, ao mesmo tempo que insetos e serpentes perigosas faziam o máximo para retardar os decididos exploradores, até que por fim conseguiram chegar sãos e salvos a uma cidade maia com quase dois mil anos de idade.

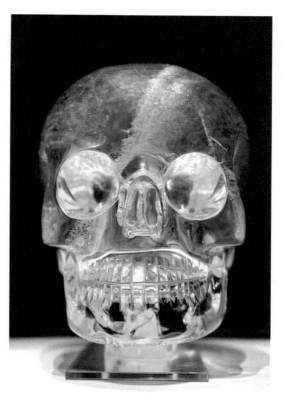

◆ Crânio de cristal no Museu Britânico, semelhante à encontrada por Mitchell-Hedges.

Lubaantún surgiu esplêndida aos olhos de Mitchell-Hedges. Afinal, todos os sofrimentos e riscos enfrentados para chegar a seu destino e realizar seu sonho tinham valido a pena. Foi o que sem dúvida pensou ao contemplar, maravilhado, os majestosos edifícios e os três estádios para jogos de futebol do que se passou a considerar o sítio arqueológico mais importante de Belize. Impaciente, pôs logo toda a sua equipe a trabalhar, abrindo novas valas e trazendo à luz antigas estruturas que estavam há muito tempo ocultas sob a vegetação. Foi então que, após várias jornadas de trabalho exaustivo, a filha do pesquisador, Anne Marie Mitchell-Hedges, começou a escavar sob o altar de um templo para pôr à prova seus dotes de arqueóloga, com tamanha má sorte que a parede de sustentação de parte da estrutura desmoronou. O estrondo foi ensurdecedor e membros da equipe, assustados, correram para o ponto onde acreditavam que Anne Marie estava presa sob os escombros. Todos esperavam pelo pior, mas outra vez a sorte se mostraria amiga dos Hedges: após uns poucos segundos que aos presentes pareceram uma eternidade, a garota conseguiu se safar, afastando algumas pedras e protegendo com o corpo um estranho pedaço de cristal de rocha com a forma de um crânio.

Duvidou-se muito da autenticidade dessa peça arqueológica, principalmente quando vieram a público as circunstâncias especiais que cercaram sua descoberta. Não obstante, o culto dos crânios era mesmo uma prática habitual entre os povos da Antiguidade. Além disso, essa relíquia parecia confeccionada com uma tecnologia altamente evoluída.

O que mais chamou a atenção dos muitos que procuraram descobrir a natureza desse Crânio do Destino foram os fenômenos estranhos que se produziam à sua volta. Ao presumido caráter hipnótico ou às aparentes mudanças de cor e luminosidade da peça, acrescentou-se o conhecimento de antigas tradições indígenas que insistiam em suas propriedades mágicas. Para os índios *kekchí*, ela podia curar, mas também tirar a vida, e tinha sido feita muitas gerações antes por um mítico antepassado para controlar o destino da humanidade, motivo pelo qual o crânio de cristal outorgava um poder ilimitado a quem o possuísse.

Dito isso, não deve causar espanto que os nazistas se interessassem por ter em mãos o novo objeto de poder, pois ele significaria um passo a mais em sua tresloucada corrida pelo domínio do mundo. Obcecados por detectar novas pistas que os aproximassem da descoberta da desaparecida civilização atlante, os alemães passaram a interpretar os crânios de cristal como relíquias utilizadas pelos antigos sacerdotes da Atlântida em seus cultos ancestrais pagãos. Assim, a Ahnenerbe organizou outra expedição em 1943 às selvas centro-americanas a fim de recuperar o Crânio do Destino. A nova aventura não deu os resultados esperados, pois os membros da equipe acabaram presos e submetidos a severo interrogatório. Sua história absurda foi aos poucos caindo no esquecimento; mas, para surpresa dos pesquisadores, em 2002 apareceram partes dos arquivos secretos da Ahnenerbe no jornal russo *Pravda*, onde se lia uma notícia assombrosa: os serviços secretos nazistas tinham procurado, pouco antes do fim da Segunda Guerra Mundial, os tais crânios de cristal em terras norte-americanas.

Felizmente, não os acharam.

O MARTELO DE THOR

A frustrada expedição em busca do Crânio do Destino não foi a única que os nazistas enviaram ao Novo Mundo. Outro objeto cobiçado pelos membros da Ahnenerbe, o Martelo de Thor, teria segundo algumas tradições ido parar em terras americanas, mais especificamente no Cone Sul. A origem dessa nova busca estava relacionada com o obsessivo interesse dos nazistas pelo estudo dos mitos germânicos, na crença de que, compreendendo-os, justificariam suas teorias raciais sobre a supremacia do homem ariano. Segundo essas tradições nórdicas, o martelo foi mantido durante gerações em cavernas profundas pelos mestres anões, no mais puro estilo do *Senhor dos Anéis*, como arma eficaz e dotada de poder suficiente para derrotar os temidos gigantes das lendas ancestrais. Não bastasse isso, se acreditarmos nas crônicas islandesas, as propriedades desse martelo, acha ou porrete eram verdadeiramente assustadoras. Toda vez que era arremessado, o objeto voltava por vontade própria às mãos do dono, como um bumerangue, mas só depois de ter provocado estragos entre os pobres infelizes que fossem vítimas da impiedosa ira do deus.

E não é só. O mais surpreendente no Martelo de Thor foi que, com o passar do tempo, ele se transformou em verdadeiro amuleto, representado em inúmeros lugares ligados à mitologia nórdica e germânica, motivo pelo qual os nazistas, entre outros, tanto o procuraram. Na ocasião, os alemães não foram os únicos, pois esse objeto, às vezes confundido com o famoso bastão de comando, era cobiçado por japoneses, franceses e ingleses, que desde os anos 1920 organizavam bizarras expedições para descobrir seus segredos.

Tanto uns como outros resolveram investigar na América do Sul, em parte pela existência de uma tradição e de um velho poema do ciclo do Graal, transcrito por José Lesta em sua obra *El enigma nazi*, onde se dizia que:

> Em uma longínqua cordilheira poderás encontrar a oculta Pedra da Sabedoria Ancestral citada nos versos dos vinte anciãos da Ilha Branca (Thule) e da Estrela Polar. Sobre a Montanha do Sol, com seu triângulo de luz, ergue-se o negro perfil do Bastão Austral, na Armórica antiga que está no Sul. Só Parsifal, o anjo, cortará os mares com os três Cavaleiros de número ímpar, na Nau Sagrada e com

o cálice do Santo Graal, atravessando o Oceano... uma longa viagem que fará até as portas secretas de um silencioso país que se chama Argentum e sempre se chamará.

Munidos dessas indicações, os nazistas só podiam ter um destino possível para sua nova busca: a Argentina. Porém, quando estavam prestes a lograr êxito, alguém decerto mais rápido que eles ou com melhores fontes de informação conseguiu passar à sua frente. Em 1934, um indivíduo chamado Orfelio Ulises começou a escavar nas elevações no Cerro do Uritorco, uma montanha localizada na província argentina de Córdoba, para encontrar um tesouro inigualável na própria base da montanha sagrada. Conforme se divulgou, o bastão de comando apareceu junto com outros objetos, uma espécie de pedra circular semelhante a uma mó e um utensílio desconhecido que Orfelio Ulises decidiu deixar onde estava.

Como o descobridor tomou conhecimento desse segredo ancestral, não se sabe; mas, em suas próprias palavras, tudo havia começado oito anos antes, no momento em que decidira empreender uma viagem para visitar alguns dos templos mais sagrados da zona do Himalaia. Ali, uns lamas e iniciados que se autodenominavam Mestres de Shambhala lhe revelaram o paradeiro exato da relíquia, além de seus poderes ocultos e da forma como estes deviam ser utilizados. Orfelio Ulises sabia que tinha encontrado algo importante, o antigo bastão de comando, o *toki* lítico das antigas tradições que o ligavam ao Martelo de Thor ou, como o chamavam os aborígines do lugar, os famosos comechingones (nome curioso), o "simihuinqui". Por esse motivo, nosso protagonista decidiu guardar a sete chaves seu novo tesouro, descrevendo-o apenas em uma sociedade da qual era membro e que tinha vínculos com a Universidade Nacional de Córdoba, a Escola Primordial da Ciência Hermética, dedicada ao estudo da magia e das tradições metafísicas.

◆ Thor na batalha contra os gigantes, de Mårten Eskil Winge, 1872. Desde o final do século XIX, os nacionalistas alemães tentaram ressuscitar as velhas lendas germânicas. Sua intenção era lançar as bases para a imposição de uma nova religião de viés pagão e, assim, eliminar a perniciosa influência que, para eles, o cristianismo exercera sobre a nação alemã.

Essa sociedade ficou conhecida em toda a Argentina, conquistando cada vez mais adeptos para sua causa, a ponto de o próprio presidente da República, Juan Domingo Perón, interessar-se pela peça em 1948, ciente como estava de seus poderes, e pretender instalá-la em algum lugar próximo à Praça de Maio. A resposta da Escola Primordial da Ciência Hermética foi peremptória: Perón não era a pessoa certa para ficar com a cobiçada peça e por isso os membros do grupo se reuniram para escolher um ser digno de sua confiança e que, a partir daquele momento, se tornasse o guardião do simihuinqui. A escolha recaiu sobre Guillermo Alfredo Terrera, amigo pessoal de Orfelio Ulises desde o fim dos anos 1930.

Terrera era um homem apaixonado pela história, mas até então nunca havia dado mostras de uma fantasia excessiva, razão pela qual sua amizade com o extravagante Orfelio Ulises causou assombro. Apesar de toda a sua racionalidade, Guillermo Alfredo Terrera participou de um estranho cerimonial de tipo solar celebrado durante uma noite de equinócio de primavera, com um grupo de iniciados que formavam figuras geométricas enquanto eram iluminados por uma grande fogueira simbolizando o deus Sol. O grupo inteiro resolveu entregar o bastão ao dr. Terrera, ciente do enorme poder que o objeto possuía e contando que jamais caísse em mãos perversas ou fosse usado de maneira imprópria pelos servos do mal.

A PEDRA DO DESTINO

A obsessão dos nazistas por fundar uma nova religião de viés pagão a fim de eliminar a perniciosa influência que, segundo eles, o cristianismo havia exercido, levou-os à busca dos artefatos mencionados até agora. O interesse de Himmler era óbvio: os novos objetos de poder, como o Martelo de Thor, deveriam assumir um papel importante, pois substituiriam os símbolos cristãos pelos novos centros de culto nazistas, após a vitória final.

Contudo, o que mais nos custa entender é seu interesse em apoderar-se de outras relíquias associadas a uma religião, a judaico-cristã, que os nazistas desprezavam por sua mensagem e seu significado. Entre essas relíquias estavam a famosa Pedra do Destino, mas também a Arca da Aliança e outras estritamente cristãs, das quais falaremos mais tarde. Por ora, concentremo-nos na primeira. Que era a Pedra do Destino? Segundo as tradições judaicas, Jacó, durante sua viagem a Harã, parou uma noite para descansar e usou uma pedra como travesseiro. O patriarca teve então um sonho no qual viu uma escada que chegava ao céu; por ela, anjos subiam e desciam. Postado no alto, o poderoso Jeová informou a Jacó ser o Deus de seu pai, de Abraão, e pretender lhe dar aquela terra onde estava deitado, para que dali pudesse se expandir, ele e seus descendentes.

Quando despertou, Jacó soube imediatamente o que ocorrera. Havia tido uma revelação divina e, como prova e lembrança do sonho profético, resolveu conservar a pedra, que desde então se tornou um dos mais importantes objetos de culto do povo judeu. O filho de Abraão decidiu levá-la ao Egito a fim de dá-la a José e ali ela ficou, zelosamente guardada pelos israelitas até a época do êxodo para a terra prometida, sob o comando de Moisés, que a carregou consigo junto com outros tesouros sagrados. Durante a mítica travessia do mar Vermelho, na qual sucumbiu boa parte do exército do faraó que perseguia os hebreus, um general egípcio chamado Haythekes se apossou da Pedra do Destino e foi ali, pelo norte da África, até a Península Ibérica, onde fundou um reino cuja capital era Brigantium, a atual La Coruña.

Em seu novo lar, Haythekes não se esqueceu da relíquia, usada por ele e seus descendentes como trono, até que um destes, Simão Brec, foi para a Irlanda e instalou-a em Tara, onde de novo surgem tradições que falam da presença deste e de outros objetos de poder. Sobre essa pedra, foram coroados os reis irlandeses durante aproximadamente mil anos. Segundo as lendas gaélicas, a relíquia tinha papel decisivo na aceitação ou não dos novos monarcas, pois, quando considerava adequado um pretendente, emitia um estranho ruído que fazia estremecer quem estava por perto e, em consequência disso, era chamada de *Lial Fàil*, a "pedra que fala".

O trajeto histórico dessa peça enigmática não terminou aí porque, um pouco mais tarde, no século V, a tribo gaélica dos escotos, liderada pelo eminente Fergo I, se apossou da pedra e levou-a para a ilha de Iona, no reino de Dalriada, onde ela permaneceu até Kenneth MacAlpin conquistar o país dos pictos e tornar-se o primeiro rei escocês. Levou-a, então, para o mosteiro de Scone, onde, como não poderia deixar de ser, foram coroados os reis escoceses até 1296, ano em que o monarca inglês Eduardo I capturou-a e colocou-a na abadia de Westminster.

Essa não foi, porém, a única explicação histórica para justificar a chegada do novo objeto de culto a terras britânicas. Segundo outra tradição, a pedra havia ficado com Moisés após a travessia do mar Vermelho e, portanto, junto com os outros objetos de culto que desde então foram guardados, primeiro no Tabernáculo, depois no templo de Jerusalém. Os poderosos reis da monarquia unificada de Israel se fizeram ungir sobre a relíquia, mas, como sempre acontece a objetos de poder, sua permanência ali não durou muito, sobretudo porque, a partir do século X a.C., a Terra Prometida foi vítima de uma série de conquistas, saques e devastações, até que no século VII a.C. o rei babilônio Nabucodonosor tomasse Jerusalém e se apossasse de muitos dos grandes tesouros preservados dentro de suas muralhas. Em seu reino distante, Nabucodonosor já tinha ouvido falar dos poderes da bendita pedra e por isso queria aproveitar-se de seus serviços; mas, nessa ocasião, as coisas não saíram como ele havia imaginado, pois, antes da conquista, o profeta Jeremias, que inclusive tivera tempo de evacuar a Arca da Aliança, conseguiu esconder a Pedra do Destino. Depois, ela viajou pelo Mediterrâneo até chegar à Galícia, onde ficou, como vimos, antes de ser levada para a Irlanda.

◆ Trono da coroação ou trono de santo Eduardo, na abadia de Westminster, com a Pedra do Destino sob o assento.

Os nazistas, conhecedores dessa antiga tradição que associava a Pedra do Destino ao poder político e terreno de seu possuidor, fizeram todo o possível para capturá-la. Após a queda da França em 1940, Hitler voltou os olhos para a Grã--Bretanha, que a partir desse momento decidiu resistir sozinha, sem a ajuda de ninguém, já que os nazistas haviam assinado um pacto de não agressão com a União Soviética. Assim, enquanto a Europa era dilacerada em consequência desse entendimento entre os alemães e o regime stalinista, Londres sofreu um bombardeio brutal por parte da Luftwaffe, como etapa prévia de uma invasão terrestre para a qual os ingleses não estavam preparados. Diante dessa ameaça, o governo britânico decidiu esconder a relíquia, aparentemente em um subterrâneo da abadia de Gloucester, com tamanha precaução que só uma pessoa, o governador do Canadá, conhecia o lugar exato onde se encontrava a cobiçada pedra.

Felizmente, a Alemanha perdeu a Batalha da Inglaterra, em que uma geração jovem de valorosos pilotos da Força Aérea Real se bateu em uma luta de morte contra aquele inimigo muito superior em número. A partir de então, a Pedra do Destino pôde descansar em paz, à espera de que um novo rei fosse coroado sobre ela.

A ESPADA DA TURÍNGIA

A obsessão de Hitler e seus asseclas mais fiéis por algumas das relíquias e objetos sagrados cuja posse supunha a aquisição de um poder sobrenatural fez com que o dirigente nacional-socialista se interessasse pela existência de uma série de espadas cuja história real se entremeava de narrativas mitológicas.

Uma dessas espadas mágicas foi a que outrora pertenceu ao prestigioso rei Frederico I Barba-Ruiva, imperador do Sacro Império Romano-Germânico, em cujo reinado ocorreu uma indiscutível consolidação do poder imperial na Alemanha, mas também nas desunidas e fragmentadas cidades do norte da Itália. Não sem motivo, Barba-Ruiva se tornou uma referência para os nacionalistas alemães no final do século XIX, que tinham por objetivo a reunificação do país após um complicado processo político conduzido com mão de ferro pelo eminente chanceler Otto von Bismarck. O interesse por resgatar a biografia e todas as lendas relacionadas ao imperador alemão foi recuperado pelo regime nacional-socialista e ainda mais por alguns de seus "insignes" dirigentes, que se consideravam herdeiros diretos daquele monarca. Por essa razão, vamos nos deter no estudo de Barba-Ruiva para entender as motivações do Terceiro Reich em querer se apossar das relíquias associadas à sua figura e assim justificar um regime caracterizado, além da brutalidade, pela implantação de um poder estatal forte e sem dissidências.

Independentemente da interpretação dada a ele pelo nacionalismo alemão dos séculos XIX e XX, devemos ver Frederico Barba-Ruiva como uma figura destacada e um político capaz, cujo papel foi fundamental para a consolidação do império, embora não faltem críticos que pensam exatamente o contrário.

Apesar de não se saber ao certo onde ele nasceu, acredita-se que Frederico Barba-Ruiva veio ao mundo no ano de 1122, perto da cidade de Ravensburg, filho do duque da Suábia, Frederico II, o Caolho, e da guelfa Judite da Baviera, filha do duque Henrique, o Negro, e de Vulfilda da Saxônia. Vê-se por aí que é evidente sua estreita relação com as famílias mais importantes do Sacro Império no momento em que estava prestes a eclodir o conflito entre os guelfos e os gibelinos, como reflexo da disputa entre o papado e o império pelo *dominium mundi* [domínio do mundo]. A morte de seu pai, em 1147, tornou-o duque da Suábia, posição a partir da qual ele podia notar a profunda instabilidade reinante em um mundo de interesses opostos onde cada príncipe lutava para aumentar seus privilégios. A morte de Conrado, em 1152, ensejou a eleição do jovem Frederico como rei da Alemanha, devida em parte à crença dos príncipes eleitores de que Barba-Ruiva era o candidato perfeito para aliviar a tensão entre os guelfos e a casa de Hohenstaufen, senhora do castelo de Waiblingen (daí o nome de "gibelinos").

Seu prestígio se consolidou desde cedo porque Frederico teve, como prioridade imediata, a pacificação do reino, ignorando seus interesses pessoais e até sua candidatura ao Império. Além disso, não descurou um instante sequer do planejamento das negociações com a Cúria Romana para estabelecer as condições de sua coroação, as quais foram fixadas no Tratado de Constança, de 1153. Nele, Barba-Ruiva se comprometia a restabelecer a soberania do papa sobre a Igreja, além de entregar Roma ao papado e cercear as ambições de Bizâncio em relação à Itália.

A 18 de junho de 1155, o papa Adriano coroou Barba-Ruiva na basílica de São Pedro, mas essa designação provocou o descontentamento do povo romano. Este iniciou um levante armado que só pôde ser contido pela intervenção dos exércitos coligados do papa e do monarca. Restabelecida a paz, o recém-eleito imperador resolveu romper com o estabelecido em Constança, negando-se a entregar a cidade de Roma ao papa e a invadir o sul da Itália para conter o perigo bizantino. Por essa razão, iniciou-se um episódio de rivalidade quase insolúvel entre os dois grandes poderes, que durante anos iriam sustentar uma luta de morte pelo poder temporal em uma Europa dividida em consequência da imposição do regime feudal.

Não foi só esse conflito com o papado que encantou os nacionalistas alemães a partir do século XIX: Barba-Ruiva também se esforçou por fortalecer a autoridade imperial, embora à custa de alimentar, indiretamente, as tendências centrífugas do Sacro Império Romano-Germânico ao conceder ainda mais poderes aos príncipes alemães em troca de sua lealdade. Outra de suas grandes motivações foi a política italiana, para assegurar o controle das cidades setentrionais da Itália e, assim, fortalecer o *honor imperii* [honra do império], que, contrariamente ao projetado, provocou um cisma na Igreja católica e debilitou tanto os poderes do papa quanto os do próprio imperador. Mas, se algo despertou o interesse do nazismo, especialmente por ter dado origem a novas lendas relacionadas à existência de estranhos objetos de poder, foi a organização de uma nova cruzada e as duvidosas circunstâncias da morte do imperador em 1190, quando avançava contra Jerusalém para enfrentar Saladino.

Para essa cidade, Barba-Ruiva tinha decidido marchar em 1189, junto com Filipe II da França e Ricardo Coração de Leão, a fim de expulsar dali os muçulmanos comandados pelo poderoso caudilho e assim recuperar os Santos Lugares. Quis o destino que o chefe germânico não realizasse seu sonho, pois, quando já estava perto de sua meta, morreu afogado após uma queda estrondosa ao atravessar as águas turbulentas do rio Selaph, na Anatólia. Pelo que se conta, seus súditos mais leais tentaram conservar o corpo do falecido imperador mergulhando-o em uma espécie de barril cheio de vinagre, mas a tentativa fracassou e o cadáver teve de ser enterrado na igreja de São Pedro de Antioquia, os ossos em Tiro e o coração, com o resto dos órgãos, em Tarso. Outra teoria assegura que o corpo do imperador nunca foi encontrado e isso fez aumentar o número de lendas associadas à sua morte e ao destino de seu espírito, que segundo muitos permaneceu vivo no interior de uma estátua de pedra oculta em uma caverna desconhecida da região montanhosa da Turíngia alemã. Como se isso não bastasse, as mesmas lendas garantiam que a profusa barba do imperador não havia deixado de crescer enquanto sua estátua esperava pacientemente, sentada a uma mesa e de espada à cinta, o momento tão aguardado em que outro herói de raça germânica se apresentasse diante dela e se mostrasse digno de empunhar a arma a fim de comandar a nação alemã para levá-la ao lugar que lhe correspondia.

◆ Escultura de Barba-Ruiva no monumento Kyffhäuser, na Turíngia. Segundo as lendas germânicas, o grande imperador Barba-Ruiva foi enterrado em um lugar desconhecido da bela Turíngia. Aquele que encontrasse sua espada conduziria os alemães à vitória.

Sem dúvida, essa estranha história chegou aos ouvidos de um Hitler totalmente enredado na fantasia das antigas sagas germânicas e não nos custa muito imaginar que o líder nacional-socialista relacionou esse suposto herói, merecedor de uma glória eterna, à sua própria fortuna, vendo, portanto, a necessidade de encontrar a enigmática caverna da Turíngia para recolher a espada que, como os outros objetos de poder de seus sonhos, o ajudaria a dominar o mundo.

Novamente, os homens da Ahnenerbe saíram a campo atrás da relíquia. Não era a primeira vez que ouviam falar de um objeto com essas características; na verdade, já conheciam as lendas relacionadas a Excalibur, a mítica espada do rei Artur e outras como o gládio de Deus da tradição húngara, cuja narrativa foi recolhida pelo historiador Jordanes e associada a Átila, o rei dos hunos. Segundo ele:

> Um pastor, vendo que uma das vacas de seu rebanho coxeava e não descobrindo o motivo da ferida, seguiu ansiosamente o rastro de sangue e se deparou com uma espada em que ela havia

pisado sem perceber, enquanto mastigava a grama. Cravou-a no solo e deu-a a Átila, que se alegrou com o presente e, ambicioso como era, pensou ter sido nomeado governador do mundo inteiro, pois a espada de Marte lhe garantiria a vitória em todas as guerras.

Os arqueólogos da SS sabiam que, de posse dessa arma, Átila estivera mesmo a ponto de conquistar o mundo e esquadrinharam toda aquela extensa região alemã em busca da espada de Barba-Ruiva. Concentraram-se na zona do monte Kyffhäuser, do alto do qual o castelo de Utenburgo continua testemunhando a beleza natural onde se destacam os vastos bosques de faias que cobrem a idílica Turíngia.

A LANÇA DO DESTINO

A espada não foi o único talismã relacionado ao grande Frederico Barba-Ruiva que Hitler ambicionou durante sua existência inquieta. Adolescente ainda, marcado pelo fracasso escolar e os graves problemas familiares causados por seu pai autoritário, Hitler se viu mergulhado em uma vida de mendicância. Dia após dia, o futuro ditador nacional-socialista perambulava pela cidade de Viena, tentando vender aquarelas que, apesar de uma qualidade relativa, nunca foram boas o bastante para despertar o interesse de alguém que lhe permitisse realizar seu grande sonho: ser um artista famoso e respeitado.

A pobreza, a fome e o frio, além do inconformismo por se ver relegado àquela situação em uma cidade onde o luxo e a opulência se refletiam em cada uma de suas ruas, levaram o jovem Adolf a frequentar os imponentes aposentos do Palácio Imperial de Hofburg, sede de um museu onde se guardavam as peças e objetos de culto mais importantes da família Habsburgo. Entre eles, um lhe chamou especialmente a atenção, apesar de não ser o mais vistoso da mostra. Ao contemplar essa estranha ponta de metal, deteriorada pela inexorável marcha do tempo, que segundo a tradição um centurião romano que ficou conhecido como "Longino" usou para trespassar o flanco de Jesus, ele sentiu que a relíquia devia ser sua e, é claro, não ia descansar enquanto não a tivesse.

Essa nova história que relacionaria o ditador alemão ao mundo do oculto foi contada por Walter Johannes Stein, um amigo pessoal do jovem Hitler a quem ele conheceu pouco antes do início da Primeira Guerra Mundial. Um pouco mais tarde, Stein falou ao jornalista e militar Trevor Ravenscroft do interesse do dirigente nazista pela lança, pois a considerava um verdadeiro talismã para conquistar o mundo e queria conhecer tudo que se relacionasse a esse objeto de poder. Segundo ele, Hitler não só passou horas e horas diante dela no Palácio Imperial de Hofburg como investiu muito tempo no estudo da história da relíquia, especialmente sua associação com alguns dos personagens mais importantes de todos os tempos.

Todos eles pareciam ter caído sob o feitiço da Lança do Destino, cuja lenda assegurava que seus possuidores seriam invencíveis no campo de batalha e controlariam o destino do mundo, para o bem ou para o mal. Isso, sem dúvida, não deixou indiferente o líder nacional-socialista, como não o deixou também a terrível maldição associada à relíquia: segundo li, quem a deixasse cair sofreria o mais cruel dos castigos.

Embora, nos últimos anos, os pesquisadores concentrassem seus estudos na relação desse objeto de poder com o estranho mundo oculto dos nazistas, sempre me chamou a atenção o complicado percurso histórico que ele protagonizou desde princípios do século I d.C. Seu estudo parecia imprescindível para decidir qual das quatro supostas lanças ainda conservadas era a verdadeira... se é que alguma podia ser considerada como tal.

◆ Palácio Imperial de Hofburg em 1900. Era assim o palácio de Hofburg durante a adolescência de um Hitler que passava horas estudando detalhadamente alguns dos tesouros guardados em seu interior.

Conforme eu supunha, um exame das fontes me permitiu entender que a mera tentativa de elucidar o itinerário da lança autêntica que trespassou o corpo de Jesus não seria uma tarefa fácil. Para isso, era preciso combinar o estudo em profundidade das vagas referências documentais com um verdadeiro trabalho detetivesco, sem o qual não seria possível vislumbrar os vestígios que essa relíquia deixou atrás de si em sua atribulada história.

O problema é que, sobre a Lança do Destino, sabemos muito pouco. Os pesquisadores que tentaram conhecer sua natureza só puderam recorrer ao Novo Testamento, mais especificamente ao Evangelho de São João, que segundo parece foi o único composto em tempos mais ou menos próximos à morte do Nazareno. No capítulo 19, versículos 32-34, lemos:

> Adiantaram-se, pois, os soldados e quebraram as pernas ao primeiro e ao outro crucificado com ele. Porém, ao chegar a Jesus, vendo-o já morto, não lhe quebraram as pernas, mas um dos soldados trespassou-lhe o flanco com uma lança e no mesmo instante dali saíram sangue e água.

A rapidez da execução se explica porque era sexta-feira e, portanto, cumpria evitar que a agonia dos presos se prolongasse até o sábado, dia que os judeus consideravam sagrado. Segundo as lendas que envolvem essa história, o nome do centurião encarregado de se certificar da morte do Messias era Caio Cássio Longino, um sujeito retraído, entre outras coisas porque sofria de cegueira parcial. Aconteceu então o milagre: quando o sangue de Jesus salpicou seus olhos, ele recuperou imediatamente a visão e, sem poder explicar o que realmente havia acontecido, decidiu converter-se ao cristianismo e foi martirizado para alcançar a santidade.

Nos outros Evangelhos, as notícias são ainda mais escassas e a Lança do Destino nem chega a ser mencionada neles. Isso não significa que as informações transmitidas ali sejam contraditórias, pois os fatos principais coincidem, como a presença do soldado romano nos momentos finais da Paixão. No Evangelho de São Marcos, insiste-se na presença do centurião, que, testemunhando a morte de Cristo, ficou sinceramente convencido da divindade do crucificado, algo parecido ao que nos transmite são Mateus quando põe nos lábios do romano a frase "certamente este homem era justo".

Isso é tudo o que podemos obter ao estudar a natureza da relíquia porque dela nada mais se soube até muito tempo depois. Dispomos apenas de uma série de notícias que pouco ou nada têm a ver com a realidade, já que não passam de tradições orais cuja semelhança com as de outros objetos de culto nos põe de sobreaviso. Após curar a cegueira do centurião romano, a lança foi recolhida por José de Arimateia junto com outras relíquias da Paixão, como o Santo Graal, cuja lenda está claramente ligada à da lança por seu evidente simbolismo fálico diante da natureza uterina do primeiro. Tempos depois, a Lança do Destino foi recolhida por são Maurício, que padeceu o martírio junto com os 6 mil homens da legião de Tebas, na época do imperador Maximiano. Essa é, pelo menos, uma das hipóteses para explicar o trajeto histórico da lança antes que ela caísse em poder do primeiro personagem histórico com quem se relaciona tradicionalmente: o imperador Constantino.

A segunda teoria, tão improvável quanto a anterior, coloca a relíquia nas mãos de Helena, mãe do imperador, depois de sua viagem a Jerusalém com o objetivo de encontrar o túmulo de Jesus e as principais relíquias do Calvário. Segundo essas tradições, santa Helena descobriu o sepulcro debaixo do templo de Vênus e não hesitou em declarar que aquele era o local onde o Messias repousou depois da crucificação. Mas sua sorte não terminou por aí, pois ela ainda teve tempo de encontrar, em seu interior, a coroa de espinhos, os cravos da crucificação, a própria cruz e, é claro, a Lança do Destino. De posse desse inigualável tesouro, a mãe de Constantino decidiu voltar a Roma com todas as suas relíquias. Os historiadores, no entanto, ansiosos por desenredar os mistérios desse venerado talismã, não se põem de acordo na hora de estabelecer se a lança ficou em Jerusalém ou foi entregue a Constantino, que depois a empunhou na batalha da Ponte Mílvio contra as tropas de Maxêncio.

◆ Jan van Eyck, "O encontro da verdadeira cruz", em *Las muy bellas horas de Nestra Señora* [As Mais Belas Horas de Nossa Senhora]. Em princípios do século XV, o pintor Jan van Eyck representou assim um dos episódios mais importantes da biografia de Helena de Constantinopla: o encontro da verdadeira cruz.

Seja como for, e apesar de a lenda desse objeto de poder ganhar importância por sua relação com a morte de Jesus Cristo, contam as tradições que a lança já tinha uma longa história antes da paixão do Nazareno. Seu protagonismo se evidencia desde o momento em que foi forjada pelo profeta Fineias para, mais tarde, estar presente em alguns dos episódios mais relevantes da história mítica do povo eleito. Teria estado nas mãos de Abraão quando Deus o pôs à prova exigindo que sacrificasse o próprio filho e acompanhasse os israelitas durante a conquista da Terra Prometida. Também se conta que com ela foram assassinados os Santos Inocentes após o nascimento do Messias, mas tudo isso é mera tradição sem, já se vê, nenhuma prova documental.

Depois da morte de Jesus, não temos nenhuma outra notícia suficientemente comprovada da relíquia até o ano 570 d.C., quando Santo Antônio de Placência garantiu tê-la visto na Basílica do Monte Sião, ao lado da coroa de espinhos. Como se isso não bastasse, sua presença em Jerusalém seria atestada pelas referências que nos chegaram do escritor e político latino do século VI, Cassiodoro. Fosse ou não autêntica, a relíquia devia estar por essa época na Cidade Santa, mas lá não ficou durante muito tempo porque, em 615 d.C., o rei dos persas, Cósroes II, tomou Jerusalém e recolheu um importante tesouro onde se destacavam algumas das relíquias mais importantes da religião judaico-cristã.

A partir desse momento, temos duas possibilidades. A primeira é que a Lança do Destino ficou escondida em algum lugar de Jerusalém, ao menos durante alguns anos, pois a cidade não tardaria a ser tomada por novos conquistadores, agora os árabes, motivo pelo qual o poderoso talismã foi levado a Antioquia e, mais tarde, recuperado novamente pelos cristãos, no tempo das Cruzadas.

Outras lendas, essas com mais apoio documental, se baseiam nos dados contidos no *Chronicon Paschale* [Crônica da

Páscoa], onde lemos que a lança, ou ao menos parte dela, foi entregue a Nicetas, que a instalou na igreja de Santa Sofia, em Constantinopla, onde permaneceu até 1244, ano em que Balduíno II a vendeu, junto com a coroa de espinhos, ao rei francês Luís IX. Ela adornou a Sainte Chapelle de Paris até o movimento revolucionário de 1789. A insegurança reinante na capital francesa tornou necessário o traslado das relíquias para a Biblioteca Nacional, onde permaneceram por pouco tempo antes que sua pista se perdesse definitivamente.

◆ Lança de Viena, exposta no Museu Schatzkammer.

A existência dessas diferentes explicações sobre o itinerário da peça faria pouco sentido se não levássemos em conta que atualmente se conservam várias lanças, entre as quais a de Viena e a que depois desapareceu em Paris. Apesar disso, não são as únicas, pois sabemos de pelo menos outras tantas, uma em Cracóvia (Polônia), outra em Echmiadzin (Armênia) e outra ainda no Vaticano, uma vez que o papado sempre procurou garantir o controle das relíquias mais importantes da Paixão, embora nesse caso não pareça possuir todas, por vários motivos.

Em primeiro lugar, o pouco interesse despertado pela relíquia na cidade papal, além da escassa ou nula confiabilidade da explicação oferecida para justificar a presença da lança em Roma. Segundo os defensores da tese romana, o objeto caiu em mãos dos persas em 615 d.C. e foi confiscado mais tarde pelos turcos, que o conservaram durante muitos séculos, até 1492, quando, segundo a *História dos Papas* escrita por Pastor, o sultão Baiaceto a ofereceu ao papa Inocêncio VIII em recompensa por ele manter encarcerado seu irmão Zizim. Segundo Johann Burchard, os romanos nunca engoliram essa história, principalmente porque, na época, já se conheciam outras lanças em Paris e Viena. Só temos a acrescentar que, em 1700, o papa Bento XIV obteve um desenho bastante fidedigno da relíquia parisiense e, comparando-o com a lança ainda hoje conservada no Vaticano, concluiu que ambas podiam ser parte daquela que Longino utilizou no Gólgota.

Para muitos, atualmente, a lança exibida no Palácio Imperial de Hofburg, em Viena – e que Hitler cobiçava –, é a única com alguma probabilidade de ser a autêntica. Ela é, pelo menos, a mais interessante de todas porque, como dissemos, pertenceu ao longo dos séculos a Constantino, Carlos Martel, Carlos Magno, Henrique I, o Passarinheiro, Frederico Barba-Ruiva e o líder nazista. Quanto à própria peça, os estudos arqueológicos parecem indicar que se trata, não de um *pilum* romano, mas de uma espécie de punhal pré-histórico, feito com ferro de meteorito e com cerca de 30 centímetros de comprimento. Essa santa lança está partida em dois pedaços, unidos por uma lâmina de prata, e, no sulco central, perto da ponta, encaixou-se no século XIII um dos cravos que, segundo se diz, pregaram Cristo na cruz. O cravo foi amarrado com fios de ouro, prata e cobre; perto do punho, veem-se pequenas cruzes de ouro, quase imperceptíveis. Como bem podemos adivinhar, não foi o aspecto físico que mais chamou a atenção do futuro ditador alemão e sim sua relação com alguns indivíduos que o jovem Hitler pretendia emular – mas, em seu caso, como salvador da nação e da raça alemã.

Já falamos de Constantino, que brandia a lança enquanto observava seus homens derrotarem as tropas de Maxêncio, nas imediações de Roma. Mais tarde, a lança voltou a Jerusalém para permanecer ali até princípios do século VII, quando, como sabemos, a cidade foi conquistada pelos persas de Cósroes II, obrigando seus defensores a arrancar a ponta de lança (neste caso, a informação nos vem outra vez do *Chronicon Paschale*) a fim de guardá-la na igreja de Santa Sofia, erigida anos antes por ordem do imperador Justiniano.

A ânsia de possuir as mais veneradas relíquias da Paixão fez com que esses objetos, autênticos ou não, fossem fragmentados e repartidos por diversos reinos europeus para premiar aqueles que se considerassem dignos de sua posse. Isso não acarretava nenhuma diminuição em seu pretenso valor simbólico e espiritual, pois cada um dos fragmentos conservava o poder que um dia teve a peça íntegra. Foi o que pensaram os membros da Ahnenerbe nazista e antes deles o jovem Hitler quando se sentiu fascinado pela suposta ponta de lança exibida em Viena, cujo trajeto histórico ele conseguiu rastrear até pelo menos o século IX d.C., época em que, aparentemente, esteve na posse do imperador Carlos Magno. Conforme descobriu o futuro ditador, a peça fora dada ao rei franco por seu avô, Carlos Martel, que em 732 havia conseguido deter o avanço até então irrefreável dos muçulmanos na Batalha de Poitiers, vitória que ele por certo prontamente atribuiu à posse da Lança de Longino. Mas os estudiosos da relíquia propõem outra teoria, aventando que a lança foi entregue a Carlos Magno pelo papa Leão III como merecido presente por ele ter, entre outras coisas, salvado sua vida quando os romanos o atacaram com a louca intenção de arrancar-lhe a língua e os olhos. Após a cerimônia de coroação, o papa lhe deu a relíquia, não sem antes adverti-lo de sua maldição. A lança, como outros objetos de poder, era capaz de proporcionar a vitória na guerra, mas também podia causar a morte de seu possuidor porque, segundo a lenda, quem a perdesse logo morreria. Infelizmente, o imperador sentiu sobre os próprios ombros o peso dessa fatídica condenação, pois em 814 teve a má sorte de deixar cair a Lança do Destino enquanto cruzava um riacho – erro que, como adivinhará o leitor, acabou lhe custando a vida.

A história da lança começou a obcecar Hitler porque esse pequeno objeto, que estava quase ao alcance de suas mãos, tinha sido feito para pertencer aos maiores caudilhos alemães e ele era um deles. Além de tudo, conforme os historiadores dessa vertente mais ocultista do nazismo, o jovem Adolf tinha experimentado estados alterados de consciência graças ao uso de drogas, cujos efeitos lhe provocaram uma série de delírios, em um dos quais se vira como a reencarnação de um senhor feudal do século IX, um personagem extravagante conhecido como Landolfo II de Cápua, excomungado por cultivar as artes proibidas da magia negra e que, como Hitler, sentia fascínio pela lança. Talvez essa paixão tenha uma explicação mais simples, diferente das supostas crenças sobre as quais, como dissemos, ainda resta muita coisa a estudar. Desde sua chegada a Viena, o futuro chanceler se sentira atraído pelas óperas de Wagner, principalmente *Parsifal*, em que a lenda da lança, em associação com o Graal, desempenha papel de destaque.

Não importa o motivo, passou os dias seguintes procurando novos livros para se aprofundar na epopeia desse precioso talismã. Conforme eu soube, a Lança do Destino, depois da morte de Carlos Magno, passou para seu neto, Luís, o Germânico, herdeiro de boa parte do antigo império do avô. Se em algum momento ele fez uso da relíquia, não se sabe, pois, talvez devido ao temor de sua maldição após a tragédia de Carlos Magno, a lança caiu no esquecimento, até ser finalmente recuperada por Henrique I, o Passarinheiro, um rei tremendamente admirado pelos nazistas e do qual Heinrich Himmler se julgava a reencarnação. Apesar de não ostentar a dignidade imperial, Henrique I foi sempre considerado o fundador do Sacro Império Romano-Germânico, cuja recordação cativava até as raias do absurdo os nacionalistas alemães desde o século XIX. Otão I (912-973) foi quem cingiu a coroa imperial após ser ungido pelo papa João XII em 962, depois de sua impressionante vitória sobre os húngaros na Batalha de Lechfeld, que pôs fim a uma das mais sérias ameaças à civilização europeia nesse convulsionado século X d.C.

O triunfo de Otão, o Grande, não podia ser explicado, segundo os mais ardorosos crentes nos poderes da relíquia, sem a oportuna intervenção da Lança de Longino. Para celebrar sua vitória, e esse fato é histórico, Otão resolveu mandar confeccionar cópias da relíquia para dá-las de presente aos reis da Hungria e da Polônia, o que talvez explique a existência de diversas lanças hoje em dia, sobretudo a conservada em Cracóvia, fiel reprodução da existente em Viena. Nos séculos seguintes, a relíquia permaneceu de posse dos reis da monarquia germânica, perpetuando seu poder e sofrendo pequenas modificações como a realizada nos tempos de Otão III, quando nela foi inserido o suposto cravo usado na crucificação para aumentar sua santidade.

Também pertenceu a Frederico Barba-Ruiva, cuja morte se quis explicar como consequência da maldição associada à lança, pois ele a deixou cair enquanto se banhava em um rio, justamente na ocasião em que seguia para a Terra Santa a fim de lutar como mais um cruzado e recuperar a cidade de Jerusalém para maior glória de Deus. Mas a história da lança não acaba aí, uma vez que esse objeto de poder continuou acompanhando os imperadores do Sacro Império durante muito mais tempo. Um deles, Carlos IV, acrescentou-lhe em 1350 uma inscrição que dizia *Lancea et Clavus Domini* [Lança e Prego do Senhor] e até se sugeriu que Carlos V (Carlos I da Espanha) chegou a utilizá-la na Batalha de Mühlberg, a 24 de abril de 1547, quando derrotou a Liga de Esmalcalda, formada pelos príncipes protestantes contrários às ambições espanholas e do papado.

Desde então, o interesse pelos poderes sagrados da Lança do Destino foi diminuindo. A Europa, aos poucos, deixava para trás esse longo período de tempo conhecido depois pelo nome de

Idade Média. Primeiro, o Renascimento e, depois, o Iluminismo baniram a crença no valor místico e sagrado das relíquias judaico-cristãs; contudo, o século XIX trouxe consigo o triunfo do Romantismo, com o qual ressurgiu a curiosidade por esses mistérios do passado. O compositor alemão Richard Wagner chegou inclusive a usar essa lenda na composição de uma de suas obras-primas, *Parsifal*, que estreou em 1882, pouco antes de sua morte.

Parsifal é uma obra repleta de alusões míticas, mágicas e lendárias a um passado alemão claramente idealizado e por isso, como sabemos, converteu-se em uma das principais referências do nacionalismo alemão do século XIX. A ópera foi referência também para Hitler, que nunca esqueceu o pequeno objeto guardado no museu de Hofburg e prometeu a si mesmo que ainda possuiria esse talismã pertencente aos imperadores do Sacro Império Germânico.

Alguns anos mais tarde, em 1933, Adolf Hitler conseguia realizar seu sonho de poder e tornou-se chanceler de uma Alemanha politicamente fragmentada e às voltas com uma crise econômica resultante de sua inexplicável derrota na Primeira Guerra Mundial. Ela sofria, ainda, as consequências da devastadora crise de 1929, responsável pelo acirramento dos extremismos políticos tanto de direita quanto de esquerda que ameaçavam a sobrevivência dos regimes democráticos dos países europeus no período entreguerras. A prioridade de Hitler foi romper com as cláusulas aviltantes do Tratado de Versalhes e recuperar para a Alemanha todos os territórios injustamente arrebatados a seu país após a derrota de 1918. Mas isso era pouco para ele: como fundador de um novo Reich que devia durar pelo menos mil anos, fez todo o possível para ampliar as fronteiras daquele regime de violência e um de seus principais objetivos foi a anexação de sua Áustria natal, ocorrida em 1938, apenas um ano antes do maior dos conflitos que nossa história conheceu. Sem dúvida, esse deve ser considerado um dos episódios mais importantes na vida de Hitler, sobretudo depois que se viu aclamado por milhares de pessoas em seu desfile triunfal pelas ruas de Viena. Justamente nesse momento, aconteceu algo inexplicável, algo que não se poderia entender sem levar em conta o interesse de Hitler pelo mundo do oculto: imediatamente o chanceler alemão se dirigiu ao Palácio Imperial de Hofburg para reclamar o objeto pelo qual suspirava desde o começo de sua adolescência.

Em 14 de março, Hitler entrou de novo no esplêndido edifício, mas já não como um pintor fracassado e sim como o homem mais poderoso da Europa. Acompanhava-o o dedicado chefe da SS, Heinrich Himmler, o mago negro do Terceiro Reich, e ambos se encaminharam diretamente para a sala onde repousava a Lança do Destino. Finalmente Hitler voltava a encontrar-se com o formidável talismã que tanto poderia ajudá-lo a ganhar a guerra. O que aconteceu em seguida não sabemos, pois Himmler deixou a sós seu líder, que ficou mais de uma hora meditando no mais absoluto silêncio.

A relíquia já lhe pertencia, mas agora ele precisava garantir a segurança do objeto e por isso pensou nos mínimos detalhes. Pouco antes de ir para a Áustria, havia obrigado Willy Liebel, prefeito de Nuremberg, a apresentar uma petição oficial que exigia a volta da lança para uma cidade de onde nunca devia ter saído. Assim, esse confisco puro e simples adquiriu caráter legal, mas o traslado não foi imediato. Hitler havia confiado a um destacamento da SS a responsabilidade de requisitar a lança e outras joias importantes da coroa imperial, mas sua partida foi adiada porque os alemães decidiram esperar cinco meses até ter à disposição um trem blindado, uma verdadeira fortaleza sobre trilhos, que finalmente partiu da Estação Oeste de Viena para a Alemanha no dia 29 de agosto de 1938. Após um longo dia de viagem, o trem, cuidadosamente escoltado pelas tropas de assalto da SS, chegou a Nuremberg, destino final do novo tesouro, que foi enfim depositado no interior da igreja de Santa Catarina.

◆ Ruínas de Nuremberg em 1945. Após a anexação da Áustria, Hitler decidiu esconder a Lança do Destino nessa bela cidade alemã, que foi destruída pelos bombardeiros aliados, antes do fim da Segunda Guerra Mundial.

Felizmente, o poder da lança não se mostrou infalível porque, na ocasião, o efeito produzido não foi o desejado. Em 1940, as autoridades locais resolveram evacuar o tesouro para que a lança não sofresse nenhum dano em consequência dos bombardeios. Ficou protegida em lugar seguro, de onde testemunhou a ascensão e a queda do Reich alemão, observando o terror que os nazistas semeavam na Europa e a ruína total da própria Alemanha.

Anos mais tarde, a 30 de abril de 1945, as tropas aliadas já tinham conseguido tomar Nuremberg, capital espiritual do nazismo. Ela estava arrasada em consequência dos espantosos bombardeios a que havia sido submetida e os poucos sobreviventes faziam de tudo para ganhar as boas graças dos conquistadores, aos quais só pediam clemência, principalmente porque agora estavam conscientes das terríveis atrocidades perpetradas pelo exército comunista no leste da Alemanha.

Os oficiais americanos sabiam da existência de tesouros escondidos na cidade e por isso insistiram na necessidade de vasculhar os escombros de Nuremberg para reaver o maior número de riquezas possível. Em uma dessas incursões, um grupo de soldados descobriu o *bunker* onde se encontrava a temida relíquia, pronta a desencadear outra vez a maldição a que estava ligada: o incauto que perdesse a Lança de Longino morreria inapelavelmente. E assim foi, pois no mesmo dia Hitler decidiu pôr fim à vida com um tiro na cabeça, enquanto as bombas do Exército Vermelho choviam sobre os arredores do *bunker* da Chancelaria em Berlim. Coincidência? Sem dúvida. No entanto, de novo o destino desse enigmático objeto, que hoje sabemos ter sido confeccionado no século VII, se ligava estreitamente à vida de Hitler.

OPERAÇÃO TROMBETAS DE JERICÓ

Os nazistas não fizeram por menos em sua tentativa de encontrar a Arca da Aliança. Apesar do ódio dos nazistas à religião judaico-cristã, que consideravam responsável pelo enfraquecimento da raça ariana, os membros da Ahnenerbe e dos círculos esotéricos do Terceiro Reich estudaram com atenção os escritos bíblicos, possuidores segundo eles de um saber hermético e de tradições que poderiam ajudá-los a entrar em contato com seres superiores desconhecidos. Ao longo desses anos, os nazistas examinaram todas as referências no Antigo Testamento sobre o mais venerado objeto de culto da religião de Jeová, incidindo no erro de interpretar literalmente tudo o que as Sagradas Escrituras diziam a respeito da Arca.

Logo descobriram que essa sonhada relíquia podia ser relacionada com episódios mágicos, dificilmente aceitáveis por uma mente racional. Mas aos membros da Ahnenerbe só interessavam mesmo os supostos poderes associados a esse misterioso artefato, o qual, a seu ver, sem dúvida os ajudaria a ganhar a guerra que decidiria o destino do mundo.

Conforme entenderam, a Arca da Aliança já dera indícios de que não era um objeto para ser levado na brincadeira. Os primeiros que tiveram a má sorte de cruzar seu caminho de destruição e morte foram os pobres filhos de Aarão, dois simplórios e inocentes rapazes, também sobrinhos de Moisés, que imprudentemente decidiram oferecer a seu adorado Deus um sacrifício irregular. Quando se aproximaram da relíquia, um fogo abrasador saltou de suas entranhas, fulminando ali mesmo os dois jovens devotos.

Esmiuçando o que a Bíblia dizia sobre a relíquia, os nazistas descobriram que Jeová, para evitar nova desgraça, advertiu Moisés e Aarão, seu pesaroso irmão, sobre a necessidade de impedir que qualquer pessoa se aproximasse do propiciatório situado sobre a Arca, pois aquele era um espaço reservado só para Ele. Entretanto, essa não foi a única vez que a relíquia teve a oportunidade de exibir seus poderes. Segundo algumas lendas e comentários rabínicos, em certas ocasiões os carregadores da Arca caíram fulminados por chispas e labaredas que de vez em quando saíam de seu interior. Mas o poder da Arca é lembrado sobretudo por seu protagonismo na conquista da cidade de Jericó, cujas imponentes muralhas defendiam seus tranquilos habitantes de qualquer ataque externo. Embora, hoje, não se possa considerar esse episódio senão como uma lenda, a conquista de Jericó exemplificava muito bem a concepção que os próprios judeus tinham desse artefato, verdadeiro símbolo da presença de seu deus na Terra.

Os homens da Ahnenerbe também acreditaram piamente nesse acontecimento, a ponto de, muito tempo depois, darem seu nome à operação com a qual pretendiam granjear o poder da Arca da Aliança. Quando os israelitas chegaram a Canaã, notaram que a conquista de sua Terra Prometida não seria, de modo algum, uma tarefa fácil. Isso, pelo menos, é o que assegura a Bíblia ao afirmar que os recém-chegados hebreus pasmaram, desanimados, para as fortes defesas de uma cidade quase inexpugnável. Era necessário fazer alguma coisa para dobrar a resistência de Jericó, nova prova em que a Arca da Aliança desempenhou um papel de destaque. Seguindo as instruções de seu deus, um grupo de sacerdotes marchou em volta da cidade tocando as famosas trombetas, enquanto carregava nas costas o objeto de poder. Repetiram a operação durante seis dias intermináveis; no sétimo, quando retomavam a marcha, Josué ordenou que o povo gritasse com todas as suas forças e, nesse momento, a muralha desabou por si mesma.

Os membros mais crédulos da Sociedade Ahnenerbe não tiveram dúvidas: aquela era a prova cabal de que a Arca funcionava como um autêntico estandarte de guerra, cuja posse lhes garantiria a vitória diante dos inimigos do povo alemão e da raça ariana. Os acontecimentos que se seguiram à tomada de Jericó apenas confirmaram suas convicções históricas deturpadas.

Os israelitas continuaram arvorando seu talismã para vencer várias vezes tanto os cananeus quanto os aguerridos filisteus. Não parecia existir nada que pudesse deter o avanço decidido do povo eleito por Deus. Mas, como desgraçadamente costuma acontecer, essa sucessão de vitórias fez com que os israelitas se sentissem excessivamente autoconfiantes e incidissem no erro de depositar a relíquia, de forma permanente, no santuário de

Silo, para depois cometer a imprudência de oferecer batalha aos filisteus nos campos de Ebenézer. Não entenderam que uma afronta dessas só podia ser castigada com a derrota e esta foi tão esmagadora que os aflitos hebreus correram de volta a Silo a fim de pegar a Arca e voltar para a batalha, mas agora armados com sua poderosa relíquia.

Os filisteus amaldiçoaram sua sorte; frente àquele inimigo, a vitória era impossível. Mas, apesar de tudo, resolveram arriscar-se – e descobriram, com grande satisfação, que o orgulhoso Deus de Israel tinha esquecido a ofensa sofrida e, portanto, não interviria. Os israelitas foram novamente massacrados e, pior ainda, os filisteus confiscaram a Arca da Aliança e a levaram para sua cidade de Gate, onde voltou a exercer seu poder porque, mal chegando ali, uma estranha praga começou a afetar os aterrorizados habitantes. Diante dessas calamidades, os filisteus decidiram abrir mão de seu grande troféu e devolvê-lo ao lugar que lhe cabia. Depois de colocá-lo em um carro de bois, tangeram os animais na direção do território israelita, mas durante o trajeto ocorreu outro episódio que encheu de angústia a quantos tiveram a má sorte de cruzar seu caminho.

Antes que a relíquia chegasse a seu destino, os habitantes de Bete Semes saíram alegremente a seu encontro. O entusiasmo era tal que não se podia descrever com simples palavras, pois a glória de Deus tinha voltado para casa. Imediatamente ofereceram holocaustos e fizeram sacrifícios ao Senhor, semearam de flores o caminho por onde seguia a anelada relíquia de seu povo, mas cometeram o erro de olhar fixamente a Arca. Aconteceu, então, o que não podia deixar de acontecer: Jeová, furioso com a desfaçatez dos israelitas, decidiu castigar setenta deles com uma morte dolorosa. A ira de Deus não conhecia limites e por isso um grupo de levitas levou a Arca e a escondeu em Quiriate-Jearim, onde ficou até ser trasladada para Jerusalém durante o reinado de Davi.

A partir de então, a história é conhecida de todos. Depois de se impor após o turbulento reinado de Saul, Davi decidiu estabelecer sua capital em Jerusalém para não despertar suspeitas entre as tribos do norte e do sul. Após tanto tempo sem um lar fixo, obrigados a permanecer no interior do Tabernáculo e sujeitos a um futuro incerto, os principais objetos de culto do povo hebreu foram para a nova capital; mas o excelso rei Davi não conseguiu realizar o sonho de dar-lhes abrigo dentro de um templo digno de sua grandeza. Por vontade de Deus, essa honra coube a seu filho, o rei Salomão, com quem o país alcançou seu mais alto grau de magnificência, traduzido na construção de um faustoso templo no alto da colina de Moriá. Dessa vez, as grandes relíquias da religião de Jeová ocuparam um lugar especial no recinto mais sagrado da construção, o "santo dos santos", e ali permaneceram por muitos anos.

Como dissemos, os estudiosos nazistas não hesitaram em acreditar literalmente nessas fantásticas narrativas do Antigo Testamento. Não foram os únicos porque, na época, muitos pesquisadores levantaram novas hipóteses sobre a natureza da Arca e o lugar onde poderia estar escondida, tudo isso com base em tradições que pouco ou nada condiziam com a realidade. Assim, começaram a generalizar uma série de obras de viés esotérico, alheias ao que deveria ser um estudo sério e rigoroso das fontes, para tentar entender a relíquia mais importante do povo israelita. A disseminação de hipóteses absurdas acabou por desacreditar a busca desse objeto milenar, sobretudo quando se deram a conhecer as circunstâncias em que ocorreram as principais tentativas para descobrir a relíquia, a cargo de um extravagante grupo de iluminados, farsantes e caçadores de tesouros responsáveis por alguns dos episódios mais vergonhosos da história da arqueologia.

Uma dessas tentativas foi a dos nazistas, chefiada por um arqueólogo das temida SS depois de se descobrirem pistas importantes na cidade de Veneza. Tudo parecia indicar que os Templários haviam escondido a relíquia em um cemitério de Túnis em 1308, ou seja, poucos anos antes da dissolução de sua ordem. Essa importante descoberta pôs em marcha a Operação Trombetas de Jericó, cujo objetivo não era outro senão encontrar a Arca da Aliança.

Segundo essa estranha história, os nazistas sabiam perfeitamente que a Arca só obedecia ao povo sujeito às leis de Jeová e, portanto, seu poder era eficaz apenas quando utilizado por alguém com conhecimentos precisos para manipulá-lo. O comandante da SS, Heinrich Himmler, encarregou um respeitado herói de guerra do partido nacional-socialista, Von Kessler, de encontrar um cabalista judeu que tivesse esse conhecimento secreto e iniciático. Ele viajou para o campo de concentração de Auschwitz para falar com o famoso rabino, ao qual prometeu a liberdade de sua família caso cooperasse com os alemães. A partir desse momento, ocorreram fatos que não puderam ser documentados por nenhum historiador, embora sejam muitos os pesquisadores (alguns bastante sérios) que defendam a existência dessa operação.

◆ Wilhelm Canaris, prestigioso militar alemão que participou tanto da Primeira quanto da Segunda Guerra Mundial. Apesar de sua decidida atuação em defesa da pátria, o famoso almirante nunca ocultou seu repúdio à brutalidade do regime hitlerista, o que o levou a participar da Operação Valquíria e, por isso, ser preso e executado antes do final do conflito.

Para o cabalista judeu, os nazistas só poderiam utilizar a Arca caso compreendessem o nome secreto de Deus, um elemento-chave para fazer funcionar a relíquia e que supunha o conhecimento das tradições relacionadas ao Shem Shemaforash, tão estreitamente associado à Espanha e à cidade de Toledo. Assim, os nazistas percorreram essa cidade tentando obter algum tipo de informação sobre o lugar onde estariam a Arca e outros objetos mágicos, mas a pista seguinte foi finalmente encontrada por Wilhelm Canaris, o almirante nazista chefe do Abwehr, depois de uma visita ao Museu Arqueológico Nacional de Madri. Ali, ele descobriu e estudou algumas peças trazidas do Egito em 1871 a bordo da fragata *Arapiles*, que lhe indicaram o novo rumo de sua viagem de exploração. Poucas semanas depois, um arqueólogo da Ahnenerbe, Herbert Braum, começou a escavar no norte do Egito, mas seus trabalhos ficaram inacabados por causa da guerra.

CAPÍTULO 6

O Terceiro Reich e a Busca pelo Cálice Sagrado

NASCE UMA LENDA

Em 1929, um jovem arqueólogo alemão, cativado pelas sagas provençais e as canções de gesta, chegou à região do Languedoc, na França, para protagonizar uma das aventuras mais extraordinárias de nossa história no âmbito da busca dos principais objetos de poder.

Otto Wilhelm Rahn nasceu em Michelstadt a 18 de fevereiro de 1904. Situada ao sul da cidade alemã de Hesse, essa bonita aldeia do Odenwald foi o lar de uma criança nascida de uma família luterana de origem burguesa, com recursos econômicos suficientes para lhe proporcionar uma educação adequada. Desde muito cedo, seus professores e todos aqueles que participaram da criação do menino perceberam que o futuro de Otto Rahn seria brilhante. Ao contrário dos colegas de classe, o pequeno não dissimulava seu interesse por saber mais sobre uma época histórica que o fascinava: a Idade Média, especialmente no que diz respeito às crenças religiosas. Obteve com brilhantismo o bacharelado em 1922, estudou música e se especializou em piano; depois, frequentou várias universidades alemãs para se licenciar em Direito, conforme exigiam seus pais. Jovem inteligente e ávido de conhecimento, Otto Rahn não podia se conformar com isso e assim, enquanto fazia o curso de Direito, comparecia às aulas de filosofia e história, ficando cativado pelo mito do Graal e sua relação tanto com a heresia dos cátaros quanto com a obra *Parsifal*, de Wolfram von Eschenbach.

Na mente do jovem Rahn, começou a forjar-se uma obsessão que o acompanharia pelo resto da vida: a busca do Santo Graal com base no estudo do livro do poeta alemão. Não tardou e apresentava uma tese na qual, entre outras coisas, defendia a veracidade de uma série de passagens do *Parsifal* de Eschenbach, que a seu ver se originavam de fatos reais.

Contudo, o interesse de Otto Rahn por compreender a natureza e a possível localização do Santo Graal não se deveu unicamente à sua relação com a heresia cátara ou albigense. Esse interesse atingiu um patamar mais alto graças à leitura e ao conhecimento das lendas do ciclo arturiano, cujos personagens mais destacados desempenharam um papel fundamental na gênese de diversas tradições que exerceram enorme influência desde a Idade Média.

Embora já houvesse um debate sobre a historicidade de Artur entre os principais estudiosos do ciclo, Rahn nem por um instante duvidou da existência do lendário caudilho e de alguns fatos reconhecidamente históricos sobre os quais, mais tarde, se elaborou essa narrativa épica. Retrocedendo no tempo, Rahn constatou que a lenda, tal como era então conhecida, surgiu em consequência da simbiose de duas tradições, a celta e a latina, a partir de uma série de textos de origem galesa e em data tão recuada quanto o século VI d.C., quando encontramos uma referência em língua vernácula ao mítico rei em *The Gododdin* [O Reino de Gododdin]. Esse poema épico apresentava Artur como um guerreiro sem igual, mais ou menos como o fariam textos latinos posteriores, escritos por monges eruditos empenhados em descobrir as raízes clássicas e cristãs do poderoso caudilho.

Tão grande era a fama de Artur que seus feitos foram cantados quase sem interrupção pelos povos britânicos. A partir do século IX, essas gestas formadas por antigas lembranças perdidas na noite dos tempos se tornaram a gênese do ciclo arturiano tal como o conhecemos atualmente. Por volta de 830 d.C., um monge galês chamado Nênio redigiu em língua latina aquela que podemos considerar a primeira fonte da lenda arturiana. Na *Historia Brittonum* [História dos Bretões], o personagem aparece como um reconhecido líder guerreiro que lutou contra os temidos saxões em doze batalhas ferozes nas quais sempre obteve a vitória.

No século seguinte virá à luz outro texto latino conhecido como *Annales Cambriae* [Anais de Gales], onde Artur é descrito, na Batalha do Monte Badon, em 516 d.C. (de novo, o século VI), carregando sobre os ombros, durante três dias seguidos, a cruz cristã. Mas só no século XII se construirá a narrativa autêntica sobre o lendário monarca, graças à obra do clérigo galês Godofredo de Monmouth, a *Historia Regum Britanniae* [História dos Reis da Britânia], na qual o autor utiliza fontes diversas, tanto latinas quanto galesas, cuja simbiose gerou a lenda que hoje conhecemos. Sua difusão se explica pelo surgimento de um novo gênero literário conhecido como *roman*, uma narrativa escrita em francês e destinada ao público leigo, razão pela qual a história de Artur acabou chegando a muitos leitores, sobretudo a partir de 1155, quando o clérigo Wace traduziu o texto de Monmouth para o francês com o título de *Roman de Brut*.

Nenhuma dessas tradições passou despercebida a Rahn e aos místicos mais destacados da SS. Sem dúvida, porém, as obras que mais influenciaram sua busca do Cálice Sagrado foram as de Chrétien de Troyes e Wolfram von Eschenbach, escritas entre os séculos XII e XIII, que popularizaram o personagem Parsifal. Na primeira, Chrétien de Troyes, um prestigioso poeta francês, autor de *Perceval, ou O Romance do Graal*, introduz na literatura a história do Cálice Sagrado e a busca desse objeto de poder pelos cavaleiros ligados ao rei Artur. A obra é composta por uma série de poemas escritos até 1180 e narra as andanças de um estranho cavaleiro chamado Parsifal, um dos mais eminentes da corte arturiana, cuja aventura principal ocorre quando ele chega a uma espécie de castelo mágico seguindo as indicações que lhe haviam dado dois humildes pescadores, quando lhes perguntou por um lugar onde poderia abrigar-se. Conforme se lê no *Conto do Graal*, o cavaleiro, após seguir as indicações dos dois pescadores, encontra um palácio misterioso e, quando entra, fica assombrado ao descobrir que o anfitrião era, nem mais nem menos, um dos homens que o haviam bondosamente guiado até ali. Esse homem, dono do castelo, lhe oferece uma ceia faustosa, durante a qual desfilam uns pajens levando candelabros de ouro e, o mais intrigante, uma lança com ponta de ferro de onde pinga uma brilhante gota de sangue. Quase ao mesmo tempo, entra em cena uma formosa donzela segurando um cálice de ouro em forma de salva,[2] mais largo que profundo, e refinadamente adornado com esplêndidas pedras preciosas cujo brilho faz empalidecer a luz de todas as tochas acesas no salão.

Embora soubesse muito bem o que contemplava naquele castelo do "Rei Pescador", a prudência de Parsifal induziu-o a abster-se de formular as perguntas que esclareceriam o mistério do Santo Graal: por que a lança sangrava?, e, sobretudo, "a quem servia o Graal?". Lamentavelmente, sua intenção de não parecer indiscreto lhe custou caro porque, no dia seguinte, ao

---

2 Espécie de bandeja ou prato em que se trazem taças, copos etc. (N. do T.)

acordar, o castelo e tudo o que ele continha haviam desaparecido. Perderam-se assim, para sempre, tanto o segredo da relíquia quanto a possibilidade de sanar a ferida incurável do rei Artur e livrar seu reino dos padecimentos que sofria, sendo justamente esse o motivo pelo qual os cavaleiros tinham saído em busca do Cálice Sagrado.

Essa narrativa era conhecida dos pesquisadores mais heterodoxos do Terceiro Reich e do próprio Otto Rahn, mas a obra que mais os influenciou foi *Parsifal*, de Wolfram von Eschenbach, escrita bem no começo do século XIII e, como sabemos, fonte de inspiração da última ópera de Wagner, com o mesmo título. Essa ópera era a preferida de Adolf Hitler e, sem dúvida, o fez mergulhar de maneira doentia no estudo de alguns dos objetos de culto mais importantes da religião cristã. Para o poeta alemão, o Graal não era uma salva e sim uma espécie de pedra preciosa com poderes excepcionais, o famoso *lapsit exillis*, que havia caído da fronte de Lúcifer quando ele foi derrotado pelo arcanjo Miguel e mandado para seu devido lugar: o inferno. Segundo antigas tradições, com essa grande esmeralda fabricou-se uma taça, confiada a Adão e depois passada a diferentes personagens bíblicos até chegar a Jerusalém e, mais tarde, ao desconhecido castelo de *Munsalvaesche*, o monte da Salvação, precisamente aquele que o arqueólogo alemão procurou antes do início da Segunda Guerra Mundial.

Seja como for, a história do Graal é bastante complexa, devido em parte a interpretações diferentes que ao longo do tempo foram sendo sugeridas na tentativa de entender sua natureza. Outro poeta francês, esse do século XIII, Robert de Boron, encarregou-se de desenvolver a lenda que relaciona o Graal ao cálice que outrora conteve o sangue do Messias, o mesmo utilizado para oficiar a missa durante a Última Ceia. Segundo a *História do Graal*, escrita entre 1205 e 1212, José de Arimateia recolheu o sangue de Jesus Cristo quando ele ainda estava na cruz.

◆ Galaade, Bors e Parsifal encontram o Graal. Parsifal, cavaleiro do ciclo arturiano, exerceu papel de destaque na busca do Cálice Sagrado.

De novo, esse personagem fundamental para a compreensão da história primitiva do cristianismo desempenha um papel de destaque quando se pretende rastrear as conhecidas relíquias da Paixão. Após a morte do Nazareno, José de Arimateia, um homem justo e digno segundo os evangelistas, e que segundo algumas tradições talvez fosse o irmão mais novo de Joaquim, pai da Virgem Maria, pediu ao procurador Pôncio Pilatos que o autorizasse a dar uma sepultura digna ao corpo sem vida do nazareno. Não sem esforço, conseguiu tirá-lo da cruz com a ajuda de Nicodemos, um prestigioso judeu fariseu, membro do Sinédrio, mas que havia se tornado discípulo de Cristo por ver nele o autêntico Messias. Após o luto, resolveu enterrar Jesus em seu próprio túmulo, uma simples cova escavada na rocha e situada, conforme a tradição, no lugar onde se ergue hoje a basílica do Santo Sepulcro.

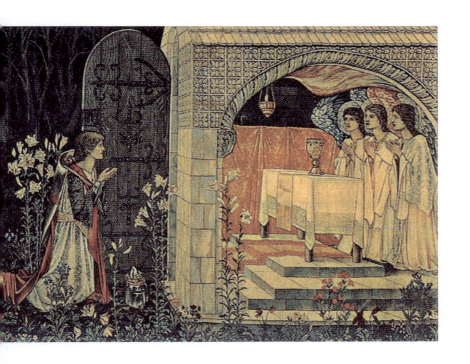

Ali o corpo do filho de Deus permaneceu até ressuscitar, episódio que valeu a José de Arimateia ser preso sob a acusação injusta de ter dado sumiço ao corpo de Cristo. É então, segundo Robert de Boron, que entra em cena o cálice da Última Ceia, pois, enquanto José estava encarcerado, recebeu a visita de Jesus, que iluminou sua tétrica masmorra e lhe ofereceu o Santo Graal, por ele conservado durante os anos em que permaneceu na prisão. Passou o tempo e finalmente libertaram o judeu, que iniciou uma longa viagem sem destino certo, mas sempre acompanhado por seu querido Cálice Sagrado e também por sua irmã Enigeu e o marido dela, Brom ou Hebrom. Não sabemos bem qual foi o itinerário dessa estranha comitiva, mas é curiosa a forma como se entrelaçam as diferentes tradições, pois, como relata o escritor francês, José de Arimateia teve uma revelação divina pela qual lhe foi comunicado que seu sobrinho Alein seria o guardião do Graal. Ele então, antes de morrer, entregou o cálice a seu cunhado Brom, que a partir desse momento passou a ser chamado de Rico Pescador.

A PISTA ESTÁ NO SUL DA FRANÇA

As pesquisas de Rahn o convenceram de que nada relacionado à busca do Graal podia ser visto como fruto da casualidade. Quanto mais estudava as diferentes tradições associadas a esse objeto sagrado, mais convencido ficava da base histórica que, seguramente, deveria ter um relato com óbvios matizes lendários, mas sujeito a uma racionalidade que ninguém percebia tão bem quanto ele nessa busca secular de uma relíquia capaz de conferir vida eterna a seu descobridor.

Essa crença se transformou em obsessão quando ele se aprofundou no estudo de uma estranha corrente religiosa, o catarismo, surgida no século XII na região do Languedoc, ao sul da França. A primeira vez que teve oportunidade de se envolver com o mundo dessa religião de viés extremista foi quando assistia às aulas de seu professor favorito, o barão de Gail, sem dúvida um dos que mais o influenciaram em sua decisão de aderir ao movimento *völkisch*. Esse movimento pretendia recuperar a base da cultura nacionalista alemã a partir da redescoberta do folclore e das tradições populares germânicas, tudo isso embelezado por uma visão alternativa da história, muitas vezes excêntrica, e francamente relacionada ao mundo do oculto e do esotérico.

Como Rahn aprendeu antes de iniciar sua enigmática aventura por terras francesas, os cátaros ou "homens-bons" foram um grupo ou movimento, considerado herético pela Igreja Católica, cujas origens remontam possivelmente ao século XI, época do sábio Bogomil, o amado de Deus. Esse homem poderia ser qualificado de virtuoso, pois, num tempo em que os europeus tinham o louco costume de massacrar-se uns aos outros por qualquer motivo, ele pregou uma nova religião baseada na não violência, na pobreza e no recolhimento espiritual. Pouco a pouco, esses bogomilos foram se espalhando pelo Ocidente, levando consigo uma doutrina que negava, entre outras coisas, a natureza crística de Jesus e, para maior indignação das altas hierarquias eclesiásticas, a eficácia das cerimônias dos sacramentos, além da necessidade de templos para alcançar o favor divino.

Condenando todo tipo de violência, os seguidores de Bogomil nada puderam fazer para evitar a ira dos conquistadores otomanos, razão pela qual seu movimento começou rapidamente enfraquecer. Muitos sucumbiram às ameaças e se converteram ao Islã. O final do movimento parecia próximo e os poucos seguidores da nova religião que ainda restavam foram para a inóspita Bósnia a fim de viver em pequenas comunidades escondidas nas frias montanhas dos Bálcãs, à espera do desfecho iminente. Mas então ocorreu um fato curioso: o bogomilo Nicetas decidiu, em 1157, partir da cidade de Constantinopla numa viagem épica pelos caminhos da Europa Central até chegar à longínqua Occitânia, uma região encravada nos Pireneus que se tornou o lugar escolhido para o estabelecimento de uma nova igreja. Esta pretendia assimilar os ensinamentos pagãos, que os primeiros bogomilos haviam aprendido no Oriente, às teses mais conservadoras do catolicismo ocidental – estranha simbiose que, sem dúvida, conquistou inúmeros adeptos na Espanha, na França e na Itália, mas cujo centro espiritual ficava no coração de umas montanhas mágicas onde ocorreram acontecimentos dramáticos que ainda não foram esquecidos.

Como é óbvio, o êxito do movimento logo começou a preocupar a sé romana, sobretudo pelo temor de que os cátaros acabassem contagiando com suas doutrinas heréticas todos quantos dessem ouvidos a esses estranhos personagens empenhados em pregar uma nova religião baseada na humildade e na não violência.

Ocorrer um dos maiores genocídios da história europeia, que regaria de sangue uma terra até então pacífica e alheia aos conflitos intermináveis do continente europeu durante os séculos centrais da Idade Média. O momento era propício para essa tragédia, especialmente depois que Lotário de Longi foi eleito bispo de Roma em 1189, adotando o nome de Inocêncio III. Sobre esse papa cruel já muito se escreveu, com todos os historiadores enfatizando seu caráter fanático e sua ânsia irrefreável de poder. Como sucede a todos os extremistas, não importa sua ideologia, Lotário era um homem incapaz de aceitar a mera possibilidade de cometer erros, o que o levou a agir de forma fria e brutal para lograr seu objetivo: a restauração da autoridade papal acima do poder do imperador e dos monarcas dos jovens reinos cristãos europeus. Como se isso não bastasse, no entender de Inocêncio III, os males do mundo se deviam àqueles que ele mais odiava, atitude que para desgraça do ser humano vem se repetindo até nossos dias. Muito tempo depois, outros concentraram suas fobias nos judeus e nos marxistas, outros ainda nos liberais e nos católicos, julgando-os os únicos responsáveis por qualquer mal que afligisse a sociedade. A obsessão de Inocêncio III, porém, era varrer os cátaros da face da terra.

Antes de voltar sua atenção para o sul da França, Lotário quis deixar sua marca na história organizando um novo empreendimento para libertar a Terra Santa. A finalidade dessa Quarta Cruzada, de 1202 a 1204, era arrasar o Egito muçulmano, mas a desorganização dos cristãos e a pressão da República de Veneza levaram os Cruzados a atacar Constantinopla, onde perpetraram uma autêntica matança em nome de Deus. O papa não perdeu a oportunidade de tentar controlar os desígnios de uma Igreja Ortodoxa em franca decadência, mas, para sua infelicidade, não conseguiu o que mais desejava: a inteira submissão dessa igreja à vontade de um indigno sucessor de Pedro no bispado de Roma.

O pérfido Lotário procurou dissimular seu relativo fracasso no Oriente voltando os olhos para o sul francês, para aquela estranha terra onde os cátaros continuavam a pregar uma nova religião, com a qual pretendiam resgatar os princípios da igreja cristã primitiva. Isso era intolerável para Inocêncio III, que então procurou uma desculpa qualquer para pôr em marcha seu projeto: acabar de uma vez por todas com aquela afronta a uma religião que já não era a sua, embora talvez ele não o soubesse. Em 1208, o legado pontifício no Languedoc, Pedro de Castelnau, criticou abertamente a existência da heresia albigense, como também era conhecido o catarismo, e pediu a intervenção dos exércitos cristãos. Quis o destino que, pouco depois, Castelnau aparecesse misteriosamente morto. Não se conhecem as circunstâncias de seu assassinato, mas isso pouco importa. O papa e os seus logo acusaram o inocente Raimundo VI, conde de Tolosa, que era justamente um dos defensores da religião cátara naquele enclave longe dos olhos de Deus. O pretexto não podia ser melhor e por isso Inocêncio III não encontrou obstáculo algum para pedir a Filipe, rei da França, a organização de uma nova Cruzada, essa em território europeu, a fim de exterminar os partidários da heresia cátara.

Passaram a ocorrer, então, alguns incidentes fundamentais para entendermos a busca do Graal, mais tarde, por Otto Rahn. Ao assassinato do legado pontifício, seguiu-se a convocação de milhares de novos Cruzados que, pouco a pouco, foram se concentrando na cidade de Lyon. Enquanto isso, Raimundo de Tolosa insistia o tempo todo em sua inocência, mas isso de nada lhe valeu porque a decisão de massacrar os cátaros já estava tomada de antemão. Só lhe restou, pois, lutar com todas as suas forças em um conflito do qual jamais poderia sair vitorioso. Para cúmulo dos males, à frente do exército pontifício colocou-se um obscuro e sanguinário personagem, Arnaldo Amalric, um nobre ligado à Ordem de Cister, homem sabidamente inescrupuloso e sem a mínima compaixão por todos aqueles que, a partir desse momento, seriam vítimas de seu sadismo.

Segundo as fontes, o exército cruzado tinha cerca de 100 mil homens, guerreiros rudes, muitos deles curtidos em incontáveis batalhas na Terra Santa e agora sob o comando de um indivíduo que personificava o mal sobre a face da Terra. Após um longo trajeto, conseguiram chegar enfim à cidade de Béziers, que pouco pôde fazer para evitar a grande tragédia de 22 de julho de 1208, quando foi destruída e teve mais de 20 mil pessoas exterminadas, enquanto o monstruoso Amalric pronunciava uma frase pela qual seria sempre lembrado: "Matai todos, pois Deus reconhecerá quem lhe pertence no Céu".

As cartas já estavam sobre a mesa e, portanto, ninguém mais duvidava do verdadeiro caráter daqueles supostos guerreiros de Deus, que ali haviam chegado para espalhar o terror entre os pacíficos habitantes da Occitânia. Diante de tamanha violência, só havia uma reação possível: resistir até a morte. Foi o que fez o visconde Raimundo-Rogério Trencavel, que organizou a defesa da cidade de Carcassonne. Devido à sua manifesta inferioridade numérica e aos escassos apoios com que contava, Trencavel pediu ajuda ao rei aragonês Pedro II, mas o monarca espanhol nada pôde fazer para aliviar a sede de sangue do repulsivo Amalric, que protagonizou outro ato bem representativo da natureza do chefe cruzado. Recorrendo às leis da cavalaria, Amalric sugeriu a Trencavel um acordo para salvar a bela cidade próxima aos Pireneus, mas, quando se encontraram na terra de ninguém, o legado papal ordenou que prendessem o nobre, o qual morreu pouco depois, submetido a um martírio inclemente, mas não antes de ter conhecimento do triste destino de sua cidade.

O comando na luta contra o catarismo foi entregue a partir de 1210 ao não menos sádico Simão de Montfort, que popularizou uma nova forma de justiçar os hereges. Logo, centenas, milhares de fogueiras começaram a iluminar as frias noites occitânicas em uma orgia de terror que culminou com a morte, por incineração, de milhares de angustiados cátaros. Em outra ocasião, após submeter a cidade de Bram, não lhe ocorreu ideia melhor que mandar cortar os lábios e o nariz, e arrancar os olhos a todos os habitantes, que não compreendiam o estranho sentido da misericórdia de Deus.

O tempo passou e novos protagonistas entraram no conflito, que durava mais que o desejado pela Cúria Pontifícia. O novo papa, Honório IV, chegou ao poder decidido a terminar a obra de seu antecessor e, na França, subiu ao trono Luís VIII, em 1226. Mas esse rei morreu cedo e a regência foi confiada a Branca de Castela. Nesse meio-tempo, o jovem Amaury de Montfort herdava do pai, além do caráter terrível, a obsessão por exterminar os cátaros, ao mesmo tempo que Raimundo VII assumia o condado de Tolosa e ia a Paris para conversar com a regente e tentar pôr um fim ao conflito. Não conseguiu nada porque, mal o viu, Branca de Castela condenou-o a ser flagelado publicamente e ainda pressionou o Santo Ofício a retomar o insano costume de queimar na fogueira os infelizes cátaros.

O fim parecia iminente para os hereges, mas ainda permanecia de pé o último reduto cátaro: Montségur, que muito mais tarde deixaria Rahn obcecado em sua busca do Graal. Esse castelo se erguia a mais de 1.200 metros de altura, no cume da montanha Pog, cujo acesso complicado facilitava sua defesa. Os últimos cátaros escolheram esse local para refugiar-se, mas também para transformá-lo em uma espécie de centro espiritual onde, segundo parece, estudaram temas como os alinhamentos planetários e a importância dos solstícios e equinócios, o que dava à sua religião um aspecto mais esotérico. Infelizmente, seu tempo havia terminado porque, em 1243, no Concílio de Béziers, aprovou-se a queda da fortaleza, decisão que sem dúvida já tinha sido tomada antes, pois em maio do mesmo ano os exércitos cruzados se puseram a caminho para iniciar o assédio à fortaleza.

O que aconteceu em seguida mostra que a escolha desse lugar pelos cátaros foi acertada: todas as investidas dos soldados do papa se chocaram em vão contra as imensas muralhas do castelo de Montségur. A resistência foi desesperada, mas, depois de nove meses, os últimos cátaros já não tinham como sobreviver. Sem água e sem comida, não lhes restou alternativa senão render-se aos cruzados, pedindo a Deus que os inimigos lhes concedessem um pouco da misericórdia que até então não haviam demonstrado em sua guerra contra os últimos albigenses. Não sabemos quais foram suas preces – mas sabemos, sim, que foram ignoradas por uma divindade que, como de costume, não lhes deu atenção por estar envolvida com outros assuntos. A 16 de março de 1244, os chefes do movimento e duzentos de seus seguidores, leais até o fim, subiram à fogueira no Prat dels Cremats, ao pé do castelo. Pouco depois, o papa exigiu, pela bula *Ad extirpanda* [Para extirpar], em 1252, que se infligissem duros castigos a todos os suspeitos de tratar com brandura os últimos sobreviventes cátaros.

Até aqui, a história. Contudo, há muito mais porque, segundo antigas tradições, algo estranho aconteceu antes da rendição final da fortaleza. O arqueólogo alemão estava prestes a descobrir algumas pistas de transcendental importância para encontrar o rastro de seu sonhado objeto de culto e o mais significativo de tudo é que esse novo indício pode sustentar-se caso levemos a sério o testemunho de alguém que presenciou os fatos acontecidos antes da queda de Montségur.

Os milhares de soldados que vinham assediando a fortaleza durante os últimos meses estavam convencidos da existência de um enorme tesouro dentro do último refúgio cátaro. Mas a decepção foi grande porque, quando os exércitos cruzados conseguiram, por fim, romper a resistência desse ninho de víboras (como o chamavam), descobriram que as riquezas ali escondidas eram muito menores que as esperadas. O ânimo dos soldados cristãos baixou rapidamente, apesar da vitória. As noites frias que suportaram ao pé da montanha tinham sido inúteis; os esforços empreendidos para exterminar os suspeitos de abraçar a heresia não receberiam o prêmio esperado. Mas o que, de fato, aconteceu?

Segundo a mencionada testemunha, na noite anterior à tomada do castelo, alguns homens conseguiram descer pelos vertiginosos penhascos da montanha levando consigo os restos de um importante tesouro. É de supor que as riquezas não fossem muito pesadas, dada a dificuldade de realizar uma operação tão complexa como essa carregando um fardo excessivamente grande. Após tremendos esforços, os virtuosos cátaros chegaram, enfim, à planície e burlaram a vigilância dos vorazes cruzados, que já então só pensavam na manhã seguinte, esfregando as mãos sem saber que não poriam uma única moeda de ouro nos bolsos.

◆ Castelo de Montségur. Pouco antes do início da Segunda Guerra Mundial, o arqueólogo alemão percorreu as terras do sul da França atrás de qualquer pista que o guiasse até o Graal. Seus passos o conduziram ao majestoso castelo de Montségur.

Às escondidas, os cátaros conseguiram pôr-se a salvo e iniciar uma longa marcha até a região de Sabarthés, onde precisaram atravessar frondosos bosques de carvalhos e superar a oposição de serranias dispostas a barrar seu caminho. Quando chegaram perto da cidade de Tarascon, encontraram o que vinham procurando ansiosamente durante os últimos dias, uma série de grutas e covas profundas, ideais para abrigar o tesouro sagrado que levavam consigo.

◆ O autor do livro no castelo de Montségur. Foto de Sofía Martínez-Pinna.

Bem mais tarde, já no século XIX, começaram a surgir teorias sobre a possibilidade de os cátaros terem escondido o Graal na fortaleza de Montségur, ficando óbvia a natureza desse último tesouro transportado pelos sobreviventes cátaros para as grutas de Sabarthés. Uma das teorias, desenvolvida em ambientes ocultistas bastante específicos, começou a relacionar

Montségur às lendas do Graal ligadas ao ciclo arturiano, o que lhe conquistou cada vez mais adeptos e atraiu para esse local um número crescente de caçadores de tesouros, obcecados por encontrar o poderoso objeto de culto. Sem dúvida alguma, o famoso arqueólogo alemão foi quem protagonizou a aventura mais apaixonante na busca do Santo Graal por aquelas terras.

A CRUZADA DE OTTO RAHN

Otto Rahn interpretou essas antigas crenças como uma verdade histórica indiscutível. Para ele, não havia nenhuma dúvida sobre a relação desse objeto de poder com as lendas arturianas e, também, com os acontecimentos ocorridos na França do século XIII que causaram o extermínio da heresia cátara. Em 1931, o jovem alemão de apenas 27 anos de idade se deslocou para o Languedoc a fim de desvendar o mistério que se ocultava por trás da lenda. Teve início então uma das mais extraordinárias aventuras protagonizadas por esses bizarros exploradores ligados ao nacional-socialismo alemão e à temida SS.

Certo de que o tesouro cátaro era na verdade o Santo Graal, passou os meses seguintes inspecionando as grutas subterrâneas perto do castelo de Montségur, na esperança de encontrar alguma pista que lhe permitisse seguir o rastro desse objeto de poder. Todos os seus esforços foram em vão porque a passagem do tempo parecia ter desfeito as marcas dos acontecimentos ocorridos nessa bela região, setecentos anos antes. Mas ele procurou compensar o fracasso inicial aprendendo a sabedoria popular de alguns moradores, prontamente cativados pela afabilidade do jovem explorador alemão, que soube conquistar o favor dos habitantes do Languedoc. Em uma conversa com um pastor da região, Rahn tomou conhecimento de uma antiga lenda que mais tarde registrou em sua obra *Kreuzzug gegen den Gral* [Cruzada Contra o Graal]. Nas palavras do pastor, seus antepassados cátaros, aqueles que com tanta valentia haviam desafiado as hostes do mal no refúgio de Montségur, foram os guardiães do Santo Graal, cobiçado desde o início pelos exércitos cruzados dirigidos pelo papa e o rei francês. Obviamente, a narrativa do simplório e humilde personagem impressionou Otto Rahn, pois essa crença popular reforçava as hipóteses que ele havia levantado depois de anos de árduo trabalho intelectual. A surpresa veio em seguida, quando o homem explicou que o objetivo dos cruzados era recuperar o Graal, mas para colocá-lo de novo no diadema do príncipe das trevas, de onde tinha caído na terra quando foi derrotado pelo arcanjo Miguel depois de desafiar Deus. Antes que se consumasse a tragédia, uma pomba branca desceu do céu e, depois, o monte Tabor, sobre o qual se erguia o castelo de Montségur, se abriu em dois. Aproveitando a ocasião, Esclaramunda, guardiã do objeto sagrado, atirou a relíquia nas profundezas da montanha, esperando que ela se fechasse de novo e mantivesse a salvo o Santo Graal. As hostes de Lúcifer não conseguiram, assim, recuperar seu valioso tesouro e, por isso, decidiram massacrar impiedosamente todos os que encontraram ainda vivos no refúgio cátaro. Felizmente, Esclaramunda conseguiu escapar porque, antecipando-se aos acontecimentos, subiu até o cume do Tabor e ali se transformou em uma bela pomba branca que alçou voo rumo às distantes montanhas da Ásia, onde viveria para sempre.

Essa velha tradição podia ser interessante, mas evidentemente não passava de um relato mítico, depositário de um antigo saber que não era o que Rahn viera buscar no Languedoc. Em sua procura do Graal, não se conformaria apenas com isso e pediu ajuda a arqueólogos e pesquisadores franceses, conhecedores da região e da história daquelas terras. Assim, entrou em contato com Antonin Gadal, para quem a relíquia estava mesmo nas grutas de Sabarthés. Concretamente, o erudito francês pensava que o tesouro havia sido guardado na gruta de

L'Hermitte e nas cavernas de Ornolac, Fontanet e Lombrives, esta uma das mais espetaculares da Europa. A tarefa, porém, não ia ser fácil porque naquela região existiam incontáveis tipos de grutas, passadiços e cavernas, muitas delas inexploradas, utilizadas pelos cátaros como último refúgio depois de saberem dos massacres a que tinham sido submetidos seus vizinhos no Prat dels Cremats, após a conquista de Montségur.

◆ Otto Rahn.

A colaboração entre os dois estudiosos se revelou fundamental para o surgimento de novas vias de pesquisa em torno do significado e da natureza do Santo Graal. Eles recolheram essas antigas tradições populares e chegaram à conclusão de que havia no Languedoc dois graais distintos, guardados séculos atrás pelos hereges cátaros. Um deles correspondia à tradição cristã, o utilizado por Jesus na Última Ceia e posteriormente entregue a José de Arimateia; o outro era um graal mais místico, cuja existência só podia ser explicada com base no conhecimento de tradições mágico-religiosas ancestrais, que o identificavam com a estranha esmeralda desprendida da fronte de Lúcifer após sua desavença com Deus. Dessa forma tão ingênua, o arqueólogo alemão e seu amigo francês conseguiam dar uma explicação "lógica" à existência das duas tradições diferentes relativas à presença do Graal na região. Totalmente convencidos da inevitabilidade de uma missão a que haviam sido chamados pela providência, começaram a percorrer algumas das grutas desconhecidas que penetravam nas entranhas dessa mágica região, mas os resultados das investigações foram decepcionantes. Só encontraram um punhado de peças arqueológicas de pouco valor, sobretudo para eles, e algumas inscrições da época cátara e templária, importantes para corroborar a presença dos hereges albigenses nos insondáveis labirintos subterrâneos do Languedoc.

Já então Rahn estava consciente de que algo lhe escapava naquela que supunha ser a busca definitiva do Cálice Sagrado. Por isso, decidiu dar um passo atrás e voltar às fontes, à leitura de uma obra que ele considerava a chave para descobrir o lugar onde estaria escondido o Graal. Tinha fé absoluta na ideia de que o castelo de Montségur era o mesmo citado por Eschenbach no *Parsifal*. O problema é que ele já havia descoberto a existência não de um, mas de dois graais diferentes e, portanto, seu passo seguinte foi inspecionar o castelo onde estaria escondido o graal da tradição cristã. Novamente, pôs-se a caminho e percorreu sem descanso os vales da alta montanha ladeados por paredões vertiginosos, cujas paisagens deixaram atônito o jovem arqueólogo alemão. Nesse momento, ocorreu uma descoberta de vital importância porque, quando se achava na pequena aldeia pirenaica de Montreal de Sos, penetrou numa gruta situada praticamente no subsolo do castelo local, onde avistou inscrições que quase o deixaram sem respiração.

Em um vasto painel, estavam representados símbolos que lhe eram tremendamente familiares: uma lança e um cálice. Isso só podia ser interpretado como uma alusão à Lança do Destino e ao Cálice Sagrado, tão manifestamente unidos nas tradições cristãs. Estava no lugar que tanto havia procurado e agora já não lhe restavam dúvidas: o castelo de Montreal de Sos era o mesmo onde, um dia, repousara o cálice utilizado por Jesus Cristo na Última Ceia.

Essa revelação, pois só assim se pode considerá-la, foi crucial para Otto Rahn, que, no entanto, continuava obcecado pelo graal místico, pela poderosa pedra de luz mencionada nas tradições. Assim, refez seu caminho, mas dessa vez para explorar lugares onde o destino urdiu uma dessas circunstâncias impossíveis, que tanto assombraram os mais impulsivos pesquisadores dos enigmas de nosso passado. Relendo o poema de Wolfram von Eschenbach, Rahn descobriu que Parsifal entrara na caverna de Fontane la Salvasche e ali fora iniciado nos segredos do Graal por um eremita que imediatamente o encaminhou a uma segunda caverna, na qual havia um misterioso altar. Embora ache difícil de acreditar, o leitor não fará muito esforço para comprovar a existência, em Sabarthés, de duas grutas ainda hoje facilmente acessíveis. Uma delas se chama Fontanet e, a poucos metros, abre-se a do Eremita, onde existia um altar que segundo alguns pesquisadores, como Xavier Musquera, era utilizado pelos cátaros para render culto a seu objeto mais sagrado: o Graal, é claro.

Infelizmente, o tempo urgia e a permanência de Rahn no país dos cátaros não podia prolongar-se. Então, ele fez as malas e voltou para a Alemanha. Quando chegou à sua terra, constatou que o regime nacional-socialista ia ficando cada vez mais poderoso. Nada nem ninguém parecia capaz de pôr abaixo a vontade de um partido que governava seu povo com mão de ferro e, nesse contexto, os dirigentes do regime já não dissimulavam seu interesse pela criação de um novo Estado muito diferente da velha Alemanha. O destino de todo um povo seria decidido pelo choque de vida ou morte com aqueles que eles consideravam inimigos de sua poderosa nação – isto é, todos quantos não aceitassem a vontade do líder – e, com esse objetivo, não pouparam esforços para espalhar entre os alemães a convicção de que pertenciam a uma indiscutível raça superior, cujas pegadas continuavam sendo seguidas pelos extravagantes membros da Ahnenerbe. Encabeçando essa paranoia, encontravam-se indivíduos como Heinrich Himmler e Alfred Rosenberg, um dos mais importantes teóricos do nazismo, ambos pertencentes à sociedade secreta Thule. Os trabalhos de Otto Rahn não lhes passaram despercebidos e por isso fizeram o possível para que um jovem tão promissor integrasse as fileiras das recém-criada SS, algo que finalmente conseguiram a 12 de março de 1936. Isso ocorreu, talvez, porque Rahn precisava de uma fonte de financiamento e de apoio para voltar ao lugar com que tanto sonhava.

O arqueólogo alemão começou colaborando com o setor ocultista da Ahnenerbe e, em seu novo posto de responsabilidade, conseguiu pressionar por uma nova expedição ao sul da França. Não seria um trabalho fácil, pois no momento outras expedições nazistas percorriam o mundo tentando encontrar alguma pista que lhes permitisse confirmar suas teses racistas e xenofóbicas. Felizmente, a petição de Rahn foi aceita, mas também seguida de profundo desespero quando ele soube que só ficaria no Languedoc uns poucos dias, o suficiente para que seus superiores corroborassem no local quais tinham sido as descobertas do pesquisador na última viagem. Eles queriam também preparar o terreno para um novo projeto, quando as circunstâncias fossem mais propícias, considerando-se que a guerra já havia eclodido na Espanha e logo a Alemanha se lançaria sobre a Europa a fim de realizar seu sonho de dominar o continente e estender seu regime de terror por todo o mundo.

◆ *São Domingos e os Albigenses*, de Pedro Berruguete.

A partir desse momento, o ânimo do fantástico aventureiro alemão começou a decair aos poucos. Seu repúdio ao nacional-socialismo era cada vez mais evidente e, para cúmulo do azar, o sonho de descobrir algo por que havia suspirado a vida inteira ia ficando cada vez mais irrealizável. Em 1937, publicou *Luzifers Hofgesind, eine Reise zu Europas guten Geistern* [A Corte de Lúcifer – Viagem ao Coração da Mais Alta Espiritualidade Europeia], no qual expunha em boa prosa a natureza das grandes descobertas que fizera nas viagens a Sabarthés e lamentava sua desdita por não haver encontrado o Santo Graal no mágico castelo de Montségur.

Seu ingresso na SS não dera os resultados esperados: durante meses, foi coagido a partilhar seu trabalho com pessoas que detestava. Chegou a dizer, meses depois, que estava seriamente preocupado com a situação da Alemanha e que, aberto e tolerante como era, não poderia continuar vivendo em sua formosa terra. Isso sem dúvida o condenou, pois dias mais tarde Otto Rahn morria, supostamente praticando o ritual cátaro da *endura*, uma forma de suicídio para garantir a passagem à outra vida e reunir-se a Deus. Segundo afirmou o *Völkischer Beobachter*, periódico oficial do Partido Nazista, seu corpo congelado havia aparecido em um lugar remoto das montanhas do Wilden Kaiser, de lado, em posição sentada e com um ar de grande serenidade.

Boatos posteriores puseram em dúvida a morte de Otto Rahn, afirmando que ele chegara a trabalhar para os serviços de inteligência alemães e até que havia criado uma espécie de grupo esotérico, a Tríplice Aliança da Luz, com ninguém menos que seu grande amigo Antonin Gadal, junto ao qual dera continuidade a seus trabalhos de espionagem – em favor de um regime que desprezava! Uma extravagante teoria foi publicada em maio de 1979 na revista alemã *Die Welt*: após divulgar a notícia falsa de sua morte, Rahn se submeteu a uma cirurgia plástica e assumiu o nome de Rudolf Rahn, identidade que conservou pelo resto da vida, até falecer em 1975, segundo se disse, em consequência de uma doença pulmonar.

A verdade pode ser bem mais simples, bastando que atentemos no que durante tantos anos fizeram e continuam fazendo os regimes extremistas do mundo inteiro e de qualquer ideologia. Otto Rahn tinha se tornado uma pessoa incômoda para a SS, sobretudo para os membros da Ahnenerbe, e por isso seu destino só podia ser escrito com sangue. A partir desse momento, a busca do Graal na Alemanha nazista ficaria a cargo de pessoas bem mais sinistras.

A GUARDA NEGRA NA ESPANHA

Em outubro de 1940, a Alemanha nazista já havia derrotado a França após uma rápida e contundente ofensiva na qual pôs em prática sua temida Guerra Relâmpago. A partir daí, a atenção de Hitler se voltou para a Grã-Bretanha, que precisou resistir sem o apoio de nenhum país aliado, pois os Estados Unidos se mostravam avessos a participar do conflito e os comunistas da União Soviética continuavam colaborando com seus novos amigos nacional-socialistas, embora fossem evidentes as intenções do *Führer* de atacar o leste da Europa quando as circunstâncias o permitissem.

A 19 desse mesmo mês, ocorreu um dos episódios mais estranhos da Segunda Guerra Mundial, envolvendo Heinrich Himmler. A viagem à Espanha do *Reichsführer SS* se deu no contexto das boas relações entre os dois governos e, sobretudo, no momento em que poucos duvidavam da iminente vitória alemã nessa guerra europeia. O objetivo da viagem, pelo menos oficialmente, era preparar o encontro que logo aconteceria de Franco com Hitler na localidade espanhola de Hendaye, mas também firmar um acordo de colaboração entre os serviços de segurança espanhóis e a temível Gestapo. Indiretamente, a viagem de Himmler tinha ainda por meta enfatizar a origem germânica do povo espanhol, notória do ponto de vista histórico graças ao estabelecimento da monarquia visigótica no século VI d.C., tudo isso para conquistar mais um aliado no futuro conflito com a URSS. No entanto, algumas das atividades de Himmler e seus acompanhantes da Divisão Ocultista da SS nos levam a pensar na possibilidade de que o *Reichsführer SS* chegou à Espanha com uma intenção secreta, mais tarde corroborada pela visita do dirigente nazista ao mosteiro de Montserrat e suas pesquisas para achar o paradeiro do Santo Graal.

As andanças de Himmler por terras espanholas começaram às nove horas da manhã do dia 19 de outubro, momento em que seu trem chegou a Hendaye para ser recebido pomposamente, com todas as honras devidas ao homem que se considerava o mais poderoso da Alemanha depois de Adolf Hitler.

Ao que tudo indica, o início do trepidante e agitado périplo do *Reichsführer SS* por terras espanholas não foi de todo agradável, ao menos do ponto de vista meteorológico, pois teve seu desembarque saudado por um tremendo aguaceiro, desses que ficam na memória. Mas o desgosto inicial deu lugar a um indisfarçável otimismo quando ele viu todo um séquito de personalidades da Espanha franquista disposto a adulá-lo. Acompanhado de seu chefe de Estado-maior, Karl Wolf, passou em revista um batalhão da infantaria espanhola e logo subiu a um dos luxuosos automóveis que esperavam a ele e à sua comitiva. Na prefeitura de San Sebastián, uma centúria da Falange, com banda de música e tudo, voltou a prestar honras ao recém-chegado Himmler. Sem perda de tempo, visitou o museu etnográfico de San Telmo para, em seguida, subir ao monte Igueldo e dali contemplar alguns cenários espetaculares.

A manhã não foi suficiente para muito mais, pois, após um almoço frugal, o dirigente nazista embarcou para Burgos, uma das cidades que era, e ainda é, uma das mais belas e acolhedoras da

Espanha. A chegada do bávaro estava prevista para as quatro horas da tarde, mas ele só entrou no Paseo del Espolón uma hora e meia depois, em parte porque a chuva continuava caindo para desconsolo das autoridades religiosas da cidade, incluindo o bispo, que no final se viram obrigadas a receber o herói nacional-socialista com água até os joelhos. Segundo os jornais da época, Himmler chegou mais ou menos às cinco e meia da tarde, descendo de seu flamejante veículo no exato momento em que, é claro, uma banda de música atacava as primeiras notas do hino nacional alemão.

A recepção em Burgos não ficou a dever nada àquela que horas antes lhe havia sido oferecida em San Sebastian. O Paseo del Espolón se enfeitou com suas melhores cores para homenagear o chefe da SS, que não perdeu a oportunidade de visitar a magnífica catedral de Burgos e o túmulo do Cid Campeador, cujas façanhas ele conhecia bem. A próxima visita de sua apertada agenda era a Cartuja de las Miraflores, para onde ele se encaminhou a fim de ser recebido de má vontade pelo prior, que sabia do tratamento desdenhoso dado pelos nazistas aos católicos desde sua ascensão ao poder na Alemanha em 1933.

O primeiro dia chegava ao fim. Após uma ceia servida no Palacio de la Isla, Himmler e seus acompanhantes foram para a estação a fim de tomar um trem noturno rumo à capital da Espanha. A viagem ocorreu sem complicações e a comitiva desembarcou na Estación del Norte para assistir, de novo, a uma faustosa recepção que deixou o *Reichsführer SS* sem palavras. Com grande pompa, desceu do vagão exibindo o imponente uniforme preto da SS, enquanto outro batalhão lhe rendia honras entoando marchas militares que soavam em meio a um mar de bandeiras e insígnias franquistas. Satisfeito em seu orgulho, embora visivelmente contrariado por aquela estranha obsessão dos espanhóis por bandas de música, acompanhou Serrano Suñer, cunhado do Caudilho, até um luxuoso Mercedes preto que o esperava fora da estação. Foram dali, evitando uma autêntica maré de fotógrafos e jornalistas, para o Ritz, onde constatou, desesperado, que no distinto hotel o aguardava uma nova recepção, a cargo da Legião José Antônio... com banda incluída. Infelizmente, Himmler não pôde desfrutar por muito tempo das comodidades do Ritz porque, cerca de onze horas da manhã, puseram-no de novo em um carro a fim de levá-lo à sede do Ministério das Relações Exteriores, situado no palácio de Santa Cruz.

Enfim, o *Reichsführer SS* ia desempenhar a primeira das grandes missões que se impusera antes de viajar para aquele barulhento país. Acompanhado por seu braço direito, Karl Wolf, reuniu-se a portas fechadas com Suñer e o conde de Montarco para tentar convencer o governo franquista da necessidade, por parte da Espanha, de permitir a passagem pelo território nacional de tropas nazistas que atacariam diretamente a colônia britânica de Gibraltar para, desse modo, controlar uma das entradas do Mediterrâneo. Por sorte, as autoridades espanholas compreenderam que essa decisão significaria a imediata declaração de guerra do governo britânico à Espanha (exatamente o que os nazistas pretendiam) e repeliram as pretensões do dirigente alemão, o qual, contrariado, conseguiu pelo menos a criação de um serviço conjunto de segurança de informações para operar na América Latina – dos males, o menor.

Após a reunião, Himmler foi conduzido à residência de Franco no palácio do Prado, mas dessa vez não podemos dizer com certeza o que aconteceu durante o encontro, pois, aparentemente, ambos apenas prepararam a futura entrevista entre o ditador espanhol e Adolf Hitler na estação ferroviária de Hendaye, na qual o *Führer* chegou a perder a paciência com Franco, aquele homenzinho ingrato e covarde, como passou a considerá-lo desde então. Tão traumática foi sua experiência que mais tarde confessou ao conde Galeazzo Ciano que preferiria arrancar seis dentes a conversar de novo com o caudilho espanhol. Isso, pelo menos, é o que dizem.

Mas voltemos à manhã de 20 de outubro de 1940, quando, após sua reunião com Franco, Himmler descobriu, horrorizado, a nova surpresa que lhe haviam preparado as autoridades espanholas. Depois de almoçar na embaixada alemã, foi conduzido à Plaza de las Ventas para assistir a uma tourada em homenagem aos alemães. Da tribuna e quase sem acreditar no que via, observou dois pequenos personagens, os toureiros Pepe Luis Vázquez e Rafael Gallito, colocar-se absurdamente diante de um monstro de quase meia tonelada que ameaçava estripá-los sem dó. É de supor que o *Reichsführer SS* tenha suspirado de alívio ao final desse bárbaro espetáculo, à espera da jornada seguinte, quando então talvez conseguisse se dedicar a um tema que, como sabemos, o fascinava: a busca dos traços da raça ariana e dos antigos objetos de poder, agora em território espanhol.

Mas, como sempre acontece, o que é bom dura pouco, pois, mal saiu das Ventas, teve de assistir a outro desfile militar, dessa vez da tribuna da Dirección General de Seguridad, na Puerta del Sol, centro de Madri.

No dia 21, Heinrich acordou com as energias renovadas. Sem dúvida, não havia conseguido obter do governo espanhol a autorização para que os exércitos da Wehrmacht atravessassem seu território e atacassem diretamente as possessões inglesas no Mediterrâneo, mas, pelo menos, poderia investigar tranquilamente – e longe da barulheira dos dias anteriores – os vestígios inegáveis que nesse país haviam deixado os antigos arianos, dos quais ele (e só ele) se considerava um digno descendente. Às dez da manhã, dirigiu-se ao mosteiro de São Lourenço do Escorial, onde aconteceu o que tinha de acontecer: mal pôs o pé no chão, uma nova banda de música, essa da Falange, começou a tocar os hinos da Espanha e da Alemanha, enquanto um grupo de germanófilos convictos recebia Himmler com o braço levantado. Aparentemente, a manhã não seria tão tranquila como havia desejado o *Reichsführer SS*, mas isso não o desanimou nem mesmo quando se viu obrigado a celebrar um ato em memória de José Antonio Primo de Rivera. Em seguida, ele visitou o magnífico edifício renascentista acompanhado por Julio Martínez Santaolalla, que lhe mostrou as dependências mais misteriosas do lugar, como o Panteão dos Reis, considerado por alguns o "santo dos santos" dessa espécie de novo templo de Jerusalém, especialmente a biblioteca filipina, onde Himmler se deleitou observando, em um único lugar, grande número de obras de óbvio conteúdo esotérico e ocultista.

Recentemente, o *Daily Mail* trouxe à luz uma informação que confirma o interesse do *Reichsführer SS* por esses temas ao descobrir que, na Biblioteca Nacional da República Tcheca, situada em Praga, existe uma coleção composta por milhares de livros sobre ocultismo, reunida por Himmler e confiscada da sede da Ordem Maçônica da Noruega, como parte de sua pesquisa sobre a bruxaria na Idade Média. Ele fez essa pesquisa para demonstrar que a perseguição das bruxas por parte da Igreja foi apenas uma tentativa de destruir a sociedade ancestral alemã, mas também para descobrir novas pistas sobre o passado da raça ariana nos conhecimentos ancestrais desses estranhos personagens.

◆ Himmler diante da *Dama de Elche*.

Ainda de manhã, Himmler foi para Toledo, cidade que também se enfeitou para recebê-lo, mas ele não teve tempo de se aprofundar em todos os mistérios que continuam envolvendo a cidade castelhana. Ali, prestou homenagem aos heróis que tombaram em defesa do Alcázar, pouco antes de visitar a catedral e a igreja de São Tomé. Sem dúvida, Himmler sabia da existência de múltiplas tradições que relacionavam a cidade do Tejo ao lugar onde deveria estar escondida a célebre Mesa de Salomão, uma importante relíquia do Antigo Testamento que, segundo todos os indícios, havia chegado à Espanha com seus primos-irmãos visigodos, no século VI d.C. Foi também em Toledo que os membros da controvertida Operação Trombetas de Jericó, financiada segundo muitos autores pela própria Ahnenerbe, procuraram as pistas necessárias para pôr as mãos em um objeto de poder que cobiçavam: a Arca da Aliança.

O interesse do alemão pela cultura dos godos se manifestou de forma mais clara na manhã seguinte, quando visitou o Museu do Prado e o Museu Arqueológico em Madri, onde sabemos que ficou cativado pela presença da *Dama de Elche*. Embora o interesse de Himmler pelo passado do povo visigodo respondesse a uma concepção pessoal e alheia a qualquer sentido histórico, seu esforço para exaltar o papel desse povo tinha também uma finalidade prática: exagerar as possíveis origens germânicas da Espanha com vistas ao fortalecimento das boas relações com um Estado alemão que, no momento, se dispunha a enfrentar o mundo inteiro. Esse amor pelos visigodos explicaria a possível visita do *Reichsführer SS* ao sítio arqueológico de Castiltierra, em Segóvia, após deixar o museu; entretanto, são cada vez mais numerosos os autores que duvidam dessa visita e garantem que Himmler dedicou aquela tarde para concluir os detalhes do novo tratado de colaboração entre a Gestapo e os serviços secretos espanhóis. Seja como for, nesse dia 22 de outubro Himmler se retirou logo para seus aposentos. Precisava descansar a fim de concluir uma nova missão em que depositava muitas esperanças: descobrir o paradeiro do Santo Graal.

A MONTANHA MÁGICA DE MONTSERRAT

Em 23 de outubro, Himmler e seus homens de confiança embarcaram em um avião para Barcelona, onde protagonizariam um dos episódios mais incríveis desse obscuro período caracterizado pelo triunfo do nacional-socialismo em boa parte do continente europeu. Por volta da uma hora da tarde, a comitiva alemã desceu no aeroporto da cidade-condado e ali tudo se repetiu, pois o povo de Barcelona, com o prefeito à frente, recebeu de braços abertos o dirigente nazista. Sem demora, o *Reichsführer SS* foi para o Ritz, onde sabemos que desfrutou de um almoço oferecido pelo comandante da região militar, o general Luis Orgaz, mas esperando com impaciência o momento de iniciar a busca transcendental que planejava há anos. Segundo as antigas tradições, perpetuadas no tempo pelas narrativas do ciclo arturiano, o encontro do Graal estava reservado a um homem puro – e Himmler assim se considerava, entre outras coisas por acreditar que era o mais digno representante da raça ariana e de seus valores ancestrais. Embora os pesquisadores e estudiosos da época chegassem às vezes a interpretar esse episódio como algo puramente lendário, alheio a toda realidade histórica, os fatos que se seguiram foram corroborados em várias ocasiões. Mas, ainda assim, subsistem dúvidas na hora de interpretá-los, talvez porque a muitos de nós seja difícil admitir como semelhante loucura dominou um país europeu do nível da Alemanha, que em pouquíssimo tempo construiu uma maneira de entender o mundo e o passado completamente avessa aos valores convencionais dos países já distanciados do obscurantismo de fases anteriores, graças ao triunfo da razão e do humanismo.

Himmler já havia examinado o enigma do Graal a partir das pesquisas de Rahn, que como vimos não conseguiu sobreviver ao terror espalhado em seu país pelo regime extremista. Agora era a vez dele. Perfilhando uma antiga crença que relacionava o Munsalvaesche das crônicas arturianas à montanha mágica de Montserrat, foi até o local, não sabemos muito bem se para recolher novos dados na busca da relíquia ou para apoderar-se diretamente dela. Chegado a seu destino, o alemão começou a sentir, no mais profundo de seu ser, que estava na iminência de fazer uma grande descoberta. Logo, os alemães conseguiriam lançar mão dos poderes de um objeto sagrado que muitos vinham procurando há séculos – e seria ele o mago negro da SS o eleito do destino para cumprir essa missão.

Infelizmente, as coisas começaram a ir mal para os interesses de Himmler porque o abade do mosteiro, o padre Antonio María Marcet, que conhecia o ódio do visitante ao cristianismo, sequer concordou em recebê-lo, abalando terrivelmente o amor-próprio de um homem que, mais tarde, seria um dos principais responsáveis pelo extermínio de milhões de pessoas. O abade, levando em conta a importância dessa visita oficial, ordenou a um jovem religioso versado na língua alemã, Andreu Ripoll Noble, que se fizesse de guia improvisado do líder nacional-socialista, não sem antes adverti-lo da necessidade de não revelar nenhum dos supostos mistérios escondidos nas entranhas da montanha.

◆ Himmler no mosteiro de Montserrat. O interesse do *Reichsführer SS* pelos objetos de poder ficou demonstrado por sua visita ao mosteiro da montanha, onde segundo muitos poderia estar escondido o Santo Graal.

Conforme declarações posteriores do próprio Ripoll, Himmler chegou a Montserrat obcecado por encontrar uma pista do Graal e por isso levou consigo alguns dos membros mais poderosos da SS, todos especialistas no mundo do ocultismo e do esoterismo. Desde os primeiros momentos, Andreu Ripoll foi testemunha da percepção distorcida com que os nazistas interpretavam a história e a religião, pois, quase em tom casual, o visitante declarou que os judeus descendiam do Esaú bíblico e que os arianos (entre eles, Jesus Cristo) descendiam de seu irmão gêmeo Jacó. Não nos custa muito imaginar a expressão do jovem religioso ao ouvir as baboseiras de um sujeito considerado um dos personagens mais poderosos do mundo. Mas aquela era a sua casa e Andreu Ripoll não deixaria passar a oportunidade de pôr em sérios apuros o convidado pagão.

Seguindo o trajeto fixado para os visitantes habituais do mosteiro e ignorando, para desespero de Himmler, todas as perguntas referentes ao Graal, o bom Andreu Ripoll Noble levou-o de propósito a um lugar onde repousava a imagem da Moreneta e pediu-lhe que, nos termos da tradição, beijasse os pés da Virgem à sua frente. Nesse instante, conforme disse o próprio religioso mais tarde, Himmler ficou furioso por sofrer tão indigna humilhação: ser coagido a beijar os pés de uma Virgem que além de tudo era negra. Disse então a seu interlocutor que logo se encarregaria de acabar com todo aquele obscurantismo e com a irracionalidade dos cristãos (embora, para isso, tivesse de descobrir antes o Martelo de Thor, a pedra mágica caída da fronte de Lúcifer ou a raça dos super-homens arianos que viviam debaixo da terra).

Para Himmler, já era hora de pôr fim a todo aquele menosprezo: a partir dali, as coisas se fariam como bem lhe parecessem. Desejando seguir a verdadeira pista do Graal em Montserrat, quis visitar a biblioteca e, apesar de irritado, solicitou ao religioso que o levasse até lá, sem sequer imaginar que seu pedido seria de novo recusado por não ser conveniente no momento. E mais: o padre Ripoll tampouco lhe permitiria examinar as incontáveis grutas e reentrâncias no interior da montanha.

Diante dessa resposta, os tiques de que padecia o ariano se multiplicaram exponencialmente, mas ele não disse nada, talvez pela incapacidade de digerir tamanha ofensa ou para conservar a dignidade de forma mais adequada. Mas perdeu a paciência quando o monge lhe disse que estava equivocado em sua interpretação das Sagradas Escrituras. Himmler, nesse momento, deu meia-volta e saiu, prometendo a si mesmo que aqueles malditos católicos pagariam caro por tê-lo humilhado publicamente.

O curto trajeto até Barcelona pareceu-lhe interminável, mas por fim ele chegou à cidade-condado às sete e meia da noite para presidir uma ceia em companhia da numerosa colônia alemã do lugar. Sua viagem às terras espanholas ia chegando ao fim e nenhum dos grandes objetivos fora alcançado. Para cúmulo de tudo, uns monges presunçosos haviam estragado sua visita a um local que ele sempre havia considerado mágico. Nada podia ser pior; mas, de novo, Himmler se enganava.

Não podemos contar com documentação oficial que nos permita confirmar historicamente o ocorrido, mas parece que, na última noite de Himmler no Ritz, deu-se um episódio marcado pela polêmica. Aproveitando um descuido do alemão, alguém havia levado uma maleta que ele deixava em seus aposentos. Ninguém soube dizer quem era o responsável por essa operação, mas imediatamente as suspeitas recaíram sobre um músico de *jazz* judeu chamado Bernard Hilda. O mais provável, no entanto, é que por trás do roubo, se este realmente aconteceu, estivessem os serviços de espionagem franceses ou ingleses. Quanto à maleta, não se pode saber o que continha e isso deu asas à imaginação. Alguns disseram que guardava uma série de planos secretos sobre o lugar onde estaria escondido o Santo Graal, enquanto outros preferiram pensar em documentos sobre o acordo de colaboração entre a Ahnenerbe e os arqueólogos espanhóis.

Na manhã seguinte, Himmler se dirigiu ao aeroporto do Prat a fim de embarcar em um avião que o levasse para bem longe desse país de loucos, onde havia sido humilhado como em nenhum outro lugar. O projeto de extorquir do governo franquista um tratado para que seu exército atravessasse o território espanhol havia fracassado estrepitosamente, isso apesar de seus inegáveis esforços suportando a chuva, as bandas de música que durante dias o haviam perseguido por meia Espanha e até a necessidade de fazer das tripas coração ao ter que assistir a um espetáculo selvagem na praça de touros de Las Ventas. Como se tais males não bastassem, os monges de Montserrat riram em sua cara, pedindo-lhe que ele, o *Reichsführer SS*, beijasse os pés da bendita Virgem negra e não lhe deram a mínima possibilidade de investigar a fundo o mosteiro onde, talvez, estivesse escondido o Graal.

OPERAÇÃO SKORZENY

O enorme fracasso na Espanha foi difícil de digerir, mas Himmler teimou em não se dar por vencido. Sendo, como era, um dos homens mais poderosos da Alemanha, não lhe custou muito descobrir uma maneira de continuar financiando numerosas expedições em busca dos objetos sagrados, imprescindíveis para organizar a nova religião neopagã que os nazistas queriam impor ao país após vencer os inimigos de sua pátria.

Prosseguiu fazendo isso mesmo depois que a Alemanha começou a dar mostras de debilidade por não conseguir deter o ímpeto cada vez mais decidido das potências aliadas tanto na frente oriental quanto no norte da África. Em junho de 1943, Himmler enviou outra expedição ao sul da França para tentar descobrir o resto do tesouro cátaro e sua relação com o Graal. Entre os membros dessa expedição científica destacavam-se prestigiosos historiadores, arqueólogos e geólogos, todos treinados para explorar as grutas anteriormente visitadas por Otto Rahn. Segundo o pesquisador José Lesta, os alemães levaram consigo as anotações do próprio Rahn e, por isso, concentraram-se nas grutas da aldeia de Ussat y Ornolac; mas isso pouco lhes serviu porque sua aventura redundou em novo e estrondoso fracasso.

Obviamente, a paciência de Himmler começou a esgotar--se. Tantos anos de esforços e de busca incansável não estavam dando os resultados esperados. Sua fé inquebrantável em teorias delirantes era tal que o *Reichsführer SS* chegou a reservar o castelo de Wewelsburg como um local mágico onde futuramente descansariam os objetos de culto mais poderosos de todas as religiões. Mas nem a Arca da Aliança, nem a Mesa de Salomão, nem o Martelo de Thor e muito menos o Santo Graal haviam caído em suas mãos. A exasperação do *Reichsführer SS* foi tal que, segundo estudiosos como Howard Buechner, ele chegou a enviar o famoso coronel da SS, Otto Skorzeny, para descobrir o paradeiro do tesouro cátaro.

Segundo esse pesquisador americano, o chefe militar nazista viajou para a região do Languedoc em março de 1944 e montou um pequeno acampamento com um grupo de combatentes de operações especiais exatamente na base do castelo de Montségur. Aproveitando as facilidades que lhe ofereciam as autoridades francesas, pois o país continuava ocupado por tropas alemãs, Skorzeny e seus homens começaram a examinar as grutas por onde anos antes havia perambulado Otto Rahn, até chegar à conclusão de que aquele não podia ser, de modo algum, o lugar onde estava escondido o Graal, pois, ao menos para ele, era um sítio facilmente acessível. Confiando em um instinto que sempre lhe havia servido em todas as operações das quais se encarregara nos últimos anos, o militar alemão se deslocou de novo para as ruínas do castelo dos cátaros e ali tentou se colocar na pele do grupo de valentes que, no último instante, conseguiu escapar do assédio das tropas cruzadas com o único objetivo de esconder seu tesouro sagrado.

Valendo-se do senso comum, Skorzeny procurou delimitar a rota de fuga dos cátaros, calculando-a com base em critérios militares, e finalmente localizou uma curiosa gruta situada a vários quilômetros de distância, bem perto da montanha do Tabor (Col de la Pierre). Ademais: segundo Buechner, ali os nazistas encontraram finalmente o tesouro cátaro, formado por grande quantidade de moedas romanas de ouro e prata, mas principalmente vários objetos de poder procedentes do butim que os romanos confiscaram no ano 70 d.C. depois de conquistar Jerusalém e saquear seu famoso templo. Entre essas peças estariam as mais prestigiosas da religião judaica, como o candelabro de sete braços, baús de madeira recobertos de ouro e também um cálice de prata adornado com três cintas de ouro, apoiada em uma base de esmeralda com inscrições indecifráveis na superfície e que eles interpretaram como o verdadeiro Graal.

Após a descoberta, Skorzeny e seus homens voltaram imediatamente para a Alemanha, levando esse tesouro sagrado e planejando depositá-lo em lugar seguro, onde seria estudado pelos cientistas da Ahnenerbe. Eis aí a tese defendida por Buechner, que apresentou uma explicação sem muita coerência sobre o destino final dessas riquezas. Segundo ele, a maior parte do tesouro foi guardada na torre de Merkers, na Alemanha, enquanto o Graal ficou escondido perto de Wewelsburg.

As circunstâncias em que se deu a descoberta nos parecem bastante suspeitas, por serem consequência de uma simples intuição, mas, sobretudo, pela própria natureza do tesouro encontrado. O coronel nazista não achou apenas o Graal, mas também a famosa *menorah* e algo que nos lembra fantasticamente a Arca da Aliança. Ademais, as explicações oferecidas por Buechner revelaram-se sem dúvida insuficientes por não se sustentar em nenhum tipo de fonte arqueológica ou documental. Apesar de tudo, e sempre tendo em mira que a operação dirigida por Skorzeny (se é que realmente existiu) deixou de cumprir o prometido, não devemos descartar que, na época, alguma coisa fora do normal aconteceu em terras do Languedoc.

◆ Otto Skorzeny na Pomerânia, visitando o 500º Batalhão de Paraquedistas da SS, fevereiro de 1945. Skornezy foi considerado durante muitos anos o homem mais resoluto e corajoso do exército alemão. Por esse motivo, encarregaram-no de algumas das missões mais famosas da Segunda Guerra Mundial, como a libertação do ditador italiano Mussolini e, provavelmente, a busca do Santo Graal no sul da França.

Como explica José Lesta em *El enigma nazi* a 16 de março de 1944 um grupo de franceses compareceu ao castelo de Montségur para relembrar o sétimo centenário da queda do enclave cátaro em mãos dos cruzados papais. Depois de acampar nas imediações do recinto, esses estranhos peregrinos começaram a rezar, pedindo pelas almas dos valentes cátaros que haviam preferido o martírio da fogueira a renegar suas crenças. Essa era uma clara mensagem política em uma França que suportava os últimos momentos da ocupação nazista. Posteriormente, os visitantes pediram permissão às autoridades alemãs da área para entrar no castelo. O general responsável recusou o pedido, alegando que aquela terra era alemã e sobre ela os alemães tinham direitos históricos. Mas os franceses não deram ouvidos às advertências de seus ocupantes e decidiram, no último momento, prosseguir na peregrinação; todavia, logo avistaram algo no céu que os deixou sem palavras. Era cerca de meio-dia quando notaram a presença de um avião alemão que, inexplicavelmente, começou a sobrevoar o castelo onde eles já se encontravam. No mesmo instante, o *Fiesseler Storch* abriu seus tubos de fumaça e desenhou no claro céu meridional francês uma espécie de cruz celta, a mesma que os hereges cátaros usavam e que, como sabemos, tanto fascinou os mais eminentes ideólogos do Partido Nazista. Dentro do aparelho estava Alfred Rosenberg, membro da Ordem de Thule e destacado ocultista do Terceiro Reich.

Outra loucura dos nazistas e dos extravagantes membros da Ahnenerbe? Talvez. Mas isso aconteceu no mesmo dia em que o grupo de Skorzeny comunicava às autoridades alemãs seu suposto êxito na busca dos tesouros perdidos dos cátaros – e, como não, do Santo Graal.

CAPÍTULO 7

Os Tesouros Ocultos do Terceiro Reich

A DERROTA DA ALEMANHA

Em outubro de 1941, poucos duvidavam do cumprimento da recente profecia de Adolf Hitler, que vaticinava o início de um Reich com mais de mil anos de duração. A Grã-Bretanha, apesar de vitoriosa em seu embate com o gigante nazista, pouco podia fazer para sustar o irrefreável avanço da Wehrmacht por todo o continente. Na frente oriental, o início da Operação Barba-Ruiva evidenciou a enorme diferença estratégica e tecnológica entre as forças armadas da Alemanha e da URSS, que não conseguia frear os ataques das divisões blindadas nazistas e de sua temível Guerra Relâmpago. Assim, com uma velocidade demoníaca que surpreendeu até mesmo o Alto-Comando alemão, as primeiras unidades da Wehrmacht começaram a se posicionar em volta da cidade de Moscou, onde seria decidido o destino do mundo.

Quando tudo parecia terminado e muitos comemoravam na Alemanha o final iminente dessa guerra pelo domínio da Europa, ocorreu o primeiro contratempo importante para o exército alemão, que se viu barrado pela feroz resistência de milhares de soldados, voluntários e mulheres resolvidos a dar a vida para libertar Moscou do jugo nazista. Essa primeira grande derrota do nazismo não arrefeceu a vontade de Hitler, que impôs sua decisão de prosseguir na luta contra o comunismo e fixou a atenção na conquista de um novo objetivo: a cidade de Stalingrado, cujo controle lhe permitiria assegurar-se o abastecimento de petróleo. De novo, o avanço alemão parecia irrefreável e, no verão de 1942, a cidade se viu seriamente ameaçada pela pressão das divisões blindadas do exército nazista. Mas, a essa altura da guerra, os russos já sabiam que aquela seria uma luta de vida ou morte e, portanto, organizaram uma contraofensiva que por fim conseguiu derrotar o invasor.

O declínio do regime idealizado por Hitler se tornou evidente após uma nova derrota em Kursk, no mês de julho de 1943, quando a Wehrmacht fez a última tentativa para controlar as férteis terras do rio Don e as reservas de petróleo e carvão do Cáucaso. A partir desse momento, o exército alemão se pôs na defensiva, incapaz de deter o avanço das potências aliadas, agora sob o comando dos Estados Unidos, país que entrou no conflito após o ataque japonês à sua base naval de Pearl Harbor e cuja participação no conflito foi decisiva para explicar o fracasso da Alemanha na Segunda Guerra Mundial.

A frente russa não foi a única que começou a desmoronar no começo de 1943. No norte da África, as tropas britânicas conseguiram derrotar Rommel na segunda Batalha de El Alamein, uma grande vitória que permitiu aos aliados recuperar o controle de todo o norte africano e, dali, organizar a primeira grande ofensiva contra o território europeu. A Itália, apesar dos sonhos messiânicos de Mussolini, era sem sombra de dúvida o ponto mais vulnerável das potências do Eixo na Europa. Várias vezes e desde o início da guerra, as forças armadas italianas haviam dado mostras de sua incompetência ao ser repetidamente vencidas e humilhadas, inclusive por exércitos considerados inferiores. No verão de 1943, americanos e britânicos partiram de Túnis, iniciando um rápido avanço que levou o rei Vítor Emanuel III a solicitar conversações de paz, depois de exigir a destituição do ditador italiano em favor do general Badoglio. Diante disso, Adolf Hitler resolveu agir e ordenou ao Alto-Comando da Wehrmacht a ocupação do norte e do centro da Itália, enquanto um pequeno comando de operações especiais, liderado pelo coronel Skorzeny, libertava Mussolini, o que redundou na fundação da república fascista de Saló, no norte do país transalpino. A chegada das tropas nazistas na frente italiana acarretou um recrudescimento do embate com os aliados, que foram detidos pela feroz resistência dos alemães em Montecassino até maio de 1944.

◆ Berlim em 1945. Em abril de 1945, a Alemanha nazista foi definitivamente derrotada em consequência do avanço incontido das potências aliadas na Europa. Antes da queda de seu regime de terror, os nazistas esconderam suas riquezas no fundo de lagos gelados de montanha ou em grutas desconhecidas da Alemanha e da Áustria.

Enquanto o Terceiro Reich fazia o impossível para conter a arrancada dos aliados na Itália, o Exército Vermelho de Stalin iniciava a ofensiva contra a Europa Oriental e as forças aéreas dos Estados Unidos e da Grã-Bretanha intensificavam os bombardeios maciços sobre as cidades alemãs para desmoralizar sua população e reduzir sua capacidade industrial. Em junho de 1944, após cinco longos anos de guerra, começou a se escrever com sangue o último capítulo do conflito bélico mais mortífero da história. Pressionados por Joseph Stalin, os aliados montaram a Operação Overlord para abrir uma nova frente na Europa Ocidental e desembarcaram na Normandia. Centenas de milhares de soldados americanos e britânicos se lançaram pelos campos desolados de uma França que os recebeu de braços abertos e libertaram Paris no dia 25 de agosto desse mesmo ano, enquanto os alemães recuavam em direção à sua capital para travar a última grande batalha da guerra.

Paralisados pela ofensiva inimiga nas Ardenas, os aliados não tiveram escolha a não ser deixar nas mãos dos soviéticos a tarefa de submeter a capital alemã. Chegara o momento, para os comunistas, de cobrar vingança por todas as humilhações sofridas em território soviético durante a Operação Barba-Ruiva. Em seu avanço de "libertação" pela Alemanha Oriental, os russos implantaram uma política de repressão que em nada ficou devendo à praticada pelos membros mais radicais da SS nos anos anteriores. Ao assassinato a sangue-frio de centenas de milhares de pessoas pelo simples fato de serem consideradas inimigas da revolução comunista, seguiu-se o estupro sistemático de todas as mulheres que encontravam em seu caminho para Berlim. Assim, os berlinenses, durante tanto tempo vítimas da loucura do terror nazista, se uniram para enfrentar os não menos desapiedados homens do Exército Vermelho e de seu líder indiscutível, o sanguinário Stalin.

A conquista de Berlim, no entanto, não seria fácil. O general soviético Jukov sabia que era necessário proteger os flancos de seu exército para não se expor às contraofensivas alemãs procedentes da Pomerânia e por isso ordenou às divisões comandadas por Rokossovsky que avançassem para Közlin, às margens do Báltico. Contra elas, pouco puderam fazer os escassos regimentos de infantaria ligeira alemães, que tiveram de abandonar suas posições e montar a nova linha de defesa na margem esquerda do Óder. Esse movimento condenou as cidades de Dantzig e Königsberg, que passaram por um autêntico suplício após ser tomadas pelos russos em princípios de abril de 1945. Jukov utilizou o exército de Rokossovsky na ampliação da cabeça de ponte de Krustin, decisiva para lançar o ataque final contra Berlim. Nessa ofensiva, os russos mobilizaram 2,5 milhões de homens, acompanhados por cerca de 6 mil tanques de guerra, 7.500 aviões, mais de 40 mil canhões e obuses e 3 mil lança-foguetes Katiucha.

Frente a esse poderio descomunal, os alemães estavam em clara inferioridade numérica, sobretudo porque o novo comandante-chefe dos exércitos do Vístula, Gotthard Heinrici, só podia contar com cerca de 30 mil homens mal abastecidos e de moral em frangalhos. No entanto, contra toda expectativa, ele conseguiu deter a ofensiva soviética em Seelow posicionando seus homens nas zonas mais escarpadas do lugar e utilizando canhões antiaéreos a fim de castigar as unidades blindadas russas que tentavam irromper pela planície situada entre essa localidade e o Óder.

Furioso com o contratempo de Seelow, Stalin ordenou a seus generais que atacassem a capital, inviabilizando assim a sobrevivência do cinturão defensivo montado por Heinrici. Ao mesmo tempo, o exército de Konev punha em movimento suas divisões e empurrava o IV Exército Panzer alemão comandado por Schörner, o qual, temendo ficar cercado por forças infinitamente superiores às suas, precisou recuar na direção de Berlim, onde se uniu ao restante das tropas de Heinrici e aos poucos batalhões da Volkssturm, formados por velhos e meninos, a fim de enfrentar a batalha que os alemães não podiam vencer.

O ataque se iniciou a 20 de abril de 1945 com um contundente fogo de artilharia que mergulhou a cidade no caos. Por sorte, os berlinenses tiveram tempo de abrigar-se nos subterrâneos e nas estações do metrô, enquanto os combatentes alemães se entrincheiravam nos pontos mais estratégicos de Berlim para deter a acometida russa. Temendo pela própria vida, Hitler decidiu refugiar-se no *bunker* da Chancelaria do Reich, de onde passou a dirigir, completamente alheio à realidade, algumas ofensivas com as quais pretendia romper o cerco da cidade valendo-se dos remanescentes dos Exércitos IX e XII, que já então estavam destroçados. Alheios aos delírios do *Führer*, os alemães lutaram encarniçadamente de casa em casa até o último minuto. Mas então, a 30 de abril, Adolf Hitler resolve suicidar-se com um tiro na cabeça, junto com sua companheira Eva Braun. A 2 de maio de 1945, Berlim se entregava aos soviéticos e, poucos dias depois, a Alemanha assinava a rendição incondicional.

A guerra na Europa havia terminado e o mundo se preparava para dar os primeiros passos em um novo caminho não isento de violência, caracterizado pelo choque entre as democracias ocidentais e as ditaduras comunistas reunidas no Pacto de Varsóvia. O Velho Continente ficara devastado em consequência desses anos de loucura, durante os quais o extremismo ideológico soube se aproveitar da fraqueza da democracia para levar o mundo à beira da destruição.

O Terceiro Reich tinha sido irremediavelmente derrotado, mas não eram poucos os que sonhavam com a reconstrução, em futuro próximo, do efêmero império nazista. Esses quiseram se aproveitar do grande tesouro que haviam conseguido reunir ao longo dos anos, após saquear e extorquir os países submetidos pelo regime nacional-socialista. Antes da queda do Reich, boa parte do tesouro e das riquezas dos nazistas fora escondida em lugares desconhecidos dos aliados. Mas essas relíquias não eram cobiçadas somente pelos nostálgicos do nazismo: centenas de aventureiros e caçadores de tesouros começaram, desde então, a sonhar também com o ouro dos nazistas.

O SEGREDO DO LAGO TOPLITZ

Como já dissemos, os nazistas começaram a perder a guerra após suas derrotas em Stalingrado e na Batalha de Kursk. A partir desse momento, o exército alemão foi obrigado a colocar-se na defensiva, mas a pressão exercida pelos países aliados contra todas as fronteiras de seu enfraquecido Reich fez com que muitos oficiais da Wehrmacht, liderados por Himmler, planejassem a instalação de um refúgio de onde continuariam lutando pela sobrevivência do movimento caso se confirmasse a queda de Berlim.

Esse lugar, mais tarde conhecido como Alpenfestung ou Fortaleza Alpina, é um ponto quase inacessível ao sul da Baviera que se estende até o norte da Itália. Ali, os mais leais seguidores do nacional-socialismo poderiam resistir indefinidamente. As primeiras notícias sobre a existência do refúgio vieram dos Serviços Secretos dos Estados Unidos, cujos agentes elaboraram um extenso relatório onde constatavam a presença de um reduto situado entre altas montanhas. Nesse local, os nazistas haviam conseguido escavar grutas e passagens subterrâneas intermináveis, dotadas de paióis de munição, fábricas e refúgios para abrigar os últimos combatentes alemães, dispostos a lançar contínuos assaltos e montar emboscadas contra as unidades aliadas que se arriscassem a invadir aquela paisagem inóspita. Segundo esses mesmos documentos, o Alpenfestung não podia ser destruído por aviões, de modo que os defensores talvez conseguissem resistir durante meses, protegidos em suas galerias secretas.

Informações posteriores chegaram a mencionar a presença de por volta de 300 mil homens, muitos deles membros da SS, na Fortaleza Alpina, aos quais se juntavam 5 mil novos recrutas a cada semana, após seu período de treinamento. Além disso, falou-se até mesmo em umas fantásticas bases subterrâneas onde os nazistas continuavam produzindo aviões Messerschmitt. Evidentemente, essas bizarras hipóteses sobre a existência do reduto nazista subterrâneo não tinham nenhum fundamento, motivo pelo qual devemos considerá-las pura ilusão, fruto da ânsia de sobrevivência dos elementos mais nostálgicos do nacional-socialismo quando viram que sua guerra estava perdida. Ainda assim, não parece haver motivo para duvidar da elaboração de um projeto inicial que, todavia, não pôde ser realizado. Nesse sentido, os serviços de espionagem soviéticos é que teriam tido notícia do plano alemão, usando-o em seu favor para confundir o exército americano ao exagerar o perigo de um avanço sobre Berlim com os flancos expostos a um hipotético ataque procedente do Alpenfestung, que os próprios russos sabiam impossível de ocorrer. Não é novidade também que, dias antes da rendição alemã, os homens mais fiéis a Hitler tenham lhe suplicado que abandonasse seu refúgio no *bunker* da Chancelaria e fosse para os Alpes – mas não, é de se supor, com a intenção de comandar um suposto exército alemão, e sim de desaparecer em algum dos muitos esconderijos em uma zona que ele conhecia bem, por estar perto de um de seus lugares preferidos, o Ninho da Águia, a cerca de 120 quilômetros da cidade de Berchtesgaden.

A Fortaleza Alpina nunca chegou a ser um baluarte de onde os nazistas pudessem iniciar a reconquista do império ariano, embora pesquisas posteriores demonstrassem que aquele lugar remoto e quase inacessível foi utilizado pelos sobreviventes do Terceiro Reich para esconder alguns de seus principais tesouros e dar sumiço a seus documentos mais comprometedores. Como vimos, os membros da Sociedade de Estudos de Pré-história

Intelectual e Herança Ancestral Alemã, a Ahnenerbe, não mediram esforços em sua tentativa de rastrear as origens míticas da raça ariana. Tampouco deixaram de procurar os objetos sagrados que eles cobiçavam acima de tudo, para utilizar seus supostos poderes na conquista de um novo império, mas também para transformá-los em talismãs de uma nova religião que queriam difundir para eliminar a perniciosa influência do cristianismo. Como veremos, os nazistas se apoderaram igualmente das reservas monetárias dos bancos centrais dos países europeus que conquistaram durante o conflito, sem contar as numerosas riquezas espoliadas dos judeus antes de seu horrível extermínio. Não tardaram a surgir diversas teorias sobre a possível localização dos tesouros da SS e uma das mais consistentes foi a de seu transporte para uma região alpina, em torno da qual brotaram lendas sobre a presença dessas espetaculares riquezas.

Tais boatos começaram a propagar-se já antes do final da guerra, como o de uma suposta galeria perto da vila de Redl Zipf e do lago Toplitz, formada por longos túneis onde se havia depositado uma quantidade indeterminada de libras esterlinas falsificadas pelo Estado alemão. O mais surpreendente de tudo é que descobertas posteriores confirmaram que por trás desses boatos havia, sim, uma informação autêntica sobre uma das operações mais estranhas da Segunda Guerra Mundial, tendo por cenário o misterioso lago Toplitz.

O Toplitzsee está encravado em uma densa zona de florestas dos Alpes austríacos, a mais ou menos 100 quilômetros da bela cidade de Salzburgo. O lago, com cerca de 1 quilômetro de extensão por 110 metros de profundidade, é rodeado de penhascos imponentes e montanhas majestosas cujos cimos estão quase permanentemente cobertos de neve. O Toplitz é de difícil acesso e a ele só se chega por um caminho de 1,6 quilômetro; no entanto, era um lugar frequentado desde 1943 pelos nazistas, que aproveitavam sua localização para fazer experiências navais com vários tipos de explosivos, cargas de profundidade e torpedos de grande potência. Mas a fama do lago vem de sua relação com a controvertida Operação Bernhard, com a qual os nazistas pretendiam falsificar milhões de cédulas de libras esterlinas para saturar o mercado britânico.

◆ Lago Toplitz. Segundo os moradores locais, pouco antes do fim do conflito os alemães chegaram a esse inóspito lugar e fizeram desaparecer umas misteriosas caixas que podiam guardar um autêntico tesouro.

Segundo contaram os camponeses da região, numa noite de abril de 1945, quando todos descansavam em suas casas à espera da chegada de um novo dia que os aproximasse mais do final da guerra, aconteceu algo incomum. De repente, um barulho ensurdecedor arrancou-os de suas camas. Pouco a pouco, os vizinhos das fazendas situadas em torno do lago começaram a sair de casa e se depararam com um grupo de soldados e oficiais da Wehrmacht que os obrigaram a carregar umas enormes e pesadas caixas de madeira até a beira do lago. Com grande esforço, homens, mulheres e crianças, que até então tinham conseguido viver longe daquela maldita guerra, arrastaram sua pesada carga e a depositaram nas margens do Toplitz, ouvindo depois, aliviados, a ordem dos militares de voltarem para suas casas. Na manhã seguinte, alguns deles, movidos pela curiosidade, percorreram de novo o caminho da noite anterior; mas, como já imaginavam, não viram nem rastros das caixas transportadas com tanto esforço e chegaram à conclusão de que tinham sido atiradas ao fundo do lago para ocultar um segredo.

A partir daí, o lago passou a ser conhecido como "Lixeira do Diabo". O tempo passou, mas ninguém queria esquecer o que acontecera ali nos momentos finais da Segunda Guerra Mundial e, por isso, os vizinhos não estranharam a presença de aventureiros e caçadores de tesouros que começaram a dar mergulhos arriscados em suas profundezas. Nem todos conseguiram sobreviver ao enigma do lago Toplitz, cujas águas frias e escuras tiraram a vida de mais de um pesquisador, e por esse motivo o suposto tesouro oculto em suas águas começou a assumir um caráter maldito. E desde muito cedo: em 1945, foram encontrados ali quatro corpos sem vida de membros da SS e no ano seguinte um inexplicável acidente matou os agentes Pichler e Mayer, que tinham sido encarregados de reunir mais informações sobre as atividades realizadas naquela área antes do final da guerra. Para os habitantes, tudo parecia o resultado de uma macabra coincidência, mas o assassinato de Gert Garrens em 1950 alimentou as primeiras hipóteses sobre a busca dos tesouros nazistas como possível motivo para explicar todas essas mortes. As suspeitas foram confirmadas quando, em 1952, os habitantes encontraram outros cadáveres que não puderam ser identificados, mas sobretudo no ano seguinte, em que um famoso aventureiro, Josef Edwin Meyer, morreu enquanto pesquisava as perigosas águas do lago maldito.

Como pudemos ver, o interesse por descobrir quais tipos de tesouros estavam escondidos na Lixeira do Diabo surgiu logo ao final do conflito. Contudo, o início das primeiras buscas sérias e rigorosas teve de esperar até 1959, quando a revista alemã *Der Stern* contratou uma equipe de mergulhadores que conseguiu encontrar várias caixas cheias de libras esterlinas falsificadas e uma impressora de cédulas. Vasculhando quase às cegas o fundo do lago e tentando evitar o emaranhado de troncos que subiam quase ao nível médio das águas do Toplitz, os expedicionários fizeram uma descoberta ainda mais surpreendente quando, apesar da imensa dificuldade, conseguiram fotografar umas caixas enormes com inscrições em cirílico. Isso deu asas à ilusão do iminente encontro de outro dos grandes tesouros relacionados à Alemanha nazista: a Câmara de Âmbar.

O mistério insolúvel do Toplitzsee ganhou maior popularidade graças à pesquisa patrocinada pela revista *Der Stern*, mas foram os fatos ocorridos em 1963 que lhe deram fama internacional. Nesse ano, as traiçoeiras águas do lago fizeram mais uma vítima, dessa vez um jovem de 19 anos chamado Adolf Egner. As circunstâncias em que se deu a tragédia confirmaram, para muitos, a existência de um autêntico tesouro amealhado pela SS até 1945. Em 1963, quatro membros da poderosa organização nazista decidiram enviar Egner, em companhia de uma pessoa de confiança cuja identidade nunca pôde ser revelada, para retirar algo de suma importância do fundo do lago Toplitz. Após a morte do rapaz, os SS foram processados e receberam uma pena de cinco meses em liberdade condicional por homicídio culposo; mas, quando indagados sobre os motivos daquela busca, todos guardaram silêncio. Tamanha foi a repercussão dessa notícia que a fama do tesouro maldito da SS começou a transpor fronteiras e se espalhou pelo mundo inteiro, sendo até mencionada numa cena do filme *007 Contra Goldfinger*, na qual James Bond recebe um lingote de ouro puro procedente do lago Toplitz e o utiliza para tentar um traiçoeiro magnata obcecado pelas reservas de ouro dos Estados Unidos, Auric Goldfinger.

O tempo passou, mas a lembrança da presença desse enorme butim sempre persistiu. No ano 2000, o governo dos Estados Unidos resolveu dar um passo à frente e subvencionar uma nova expedição que logo se dirigiu ao coração dos Alpes austríacos. Na época, tomaram-se todas as precauções e contrataram-se os serviços da prestigiosa empresa Oceaneering, que já tinha sido encarregada entre outras coisas de recuperar os destroços do avião desaparecido de John F. Kennedy Jr. e os do voo 800 da TWA, cuja aeronave se precipitou nas águas do Atlântico ao largo do estado de Nova York, fazendo 230 vítimas. Não sem dificuldades, o pessoal da Oceaneering conseguiu permissão das autoridades austríacas para inspecionar as águas sombrias e lodosas do Toplitz durante trinta dias. Os membros da equipe estudaram antes todas as expedições que até o momento tinham fracassado, na tentativa de dar resposta a esse esquivo mistério. Nada parecia suficiente para encontrar os restos das enigmáticas caixas nazistas. Chegou-se a utilizar um braço mecânico operado da superfície a fim de evitar riscos desnecessários, mas o trabalho avançava com uma lentidão exasperante. A intransponível camada de lodo inviabilizou qualquer tentativa de chegar ao local onde, provavelmente, continuava escondida uma parte do tesouro perdido dos nazistas. Para complicar ainda mais a situação, os expedicionários detectaram, abatidos, uma verdadeira muralha de troncos caídos da superfície que dificultava os lentos progressos do minissubmarino. Quando parecia que nada poderia piorar, os membros da Oceaneering perderam o equipamento de navegação depois que um pérfido raio quase incinerou a todos.

Foi então que os aguerridos aventureiros resolveram fazer um último esforço. Parecia muito claro que a sorte estava contra eles, mas é exatamente isso que distingue os bravos dos que logo se dobram aos caprichos do destino. Faltando poucos dias para terminar seu trabalho no lago Toplitz, o minissubmarino da Oceaneering conseguiu trazer para a superfície uma caixa onde se podia ler nitidamente, apesar da passagem do tempo, as palavras reveladoras: "Banco da Inglaterra". Dentro, acharam os restos de uma grande quantidade de libras esterlinas falsificadas, que confirmavam os resultados da expedição anterior de 1959, e isso lhes permitiu validar os antigos boatos sobre a existência de uma operação destinada a abalar as economias dos países aliados antes do final da guerra.

A descoberta assombrou o mundo, sobretudo porque centenas de meios de comunicação se dispuseram a divulgar um episódio fascinante que acabou cativando todos os apaixonados pela história e seus mistérios. Logo a notícia chegou aos ouvidos de um tal Adolf Burger, um judeu que esteve preso no campo de concentração de Sachsenhausen e participou de um projeto secreto, junto com muitos outros prisioneiros especialistas em encadernação, gravação e serigrafia, para confeccionar as cédulas falsas. Burger não teve nenhuma dúvida: as imagens diante de seus olhos falavam por si mesmas. Aquelas libras esterlinas tiradas do fundo do lago Toplitz só podiam ser as que ele e seus companheiros haviam fabricado durante o ano de 1944.

Um dos grandes enigmas da Segunda Guerra Mundial fora resolvido, mas, lamentavelmente, o prazo estava terminando. Os integrantes da expedição Oceaneering foram obrigados, contra sua vontade, a fazer as malas e encerrar uma pesquisa com que pretendiam responder a muitas perguntas ainda sem solução. Até o momento, só tinham conseguido resgatar uma grande quantidade de libras esterlinas falsificadas e as pranchas utilizadas para sua confecção, além de restos de torpedos, minas e foguetes utilizados anos atrás pelos nazistas quando escolheram o lago como laboratório ideal para todos os tipos de testes com armas. E os pesquisadores sabiam que nas profundezas do Toplitz, sob a maldita camada de troncos, pedras e lodo, podiam estar escondidos outros muitos tesouros. Bem a propósito, o estudioso Hans Fricke conseguiu localizar uma carta, escrita em 1972 por um SS, que continha uma informação de transcendental importância. Segundo o documento, uma enorme quantidade de ouro havia sido jogada no fundo do lago em 1945, mas, para evitar que alguém se apropriasse dos tesouros do Reich, os SS detonaram uma grande carga explosiva a fim de provocar um novo desabamento e não deixar rastro de um segredo que, em nossos dias, continua atiçando a imaginação dos aventureiros.

OS TESOUROS MALDITOS DA SS

As mortes relacionadas à guarda de um suposto tesouro nazista continuaram acontecendo até muito tempo depois. Como vimos, após o suicídio de Hitler e da queda da Alemanha, os acólitos mais fiéis do regime hitlerista decidiram esconder as enormes riquezas que os alemães haviam reunido enquanto seu exército percorria, invencível, por um continente devastado pelo horror da guerra. Embora se especulasse muito sobre o lugar onde poderiam estar escondidas essas riquezas, parece claro que ao menos uma boa parte delas foi levada para a região alpina, vista como um local inacessível e, portanto, ideal para ocultar o ouro acumulado pelo nazismo nos anos anteriores ao final do conflito. O ouro das reservas nazistas não foi o único que os alemães puseram a salvo em 1945; eles deram o mesmo destino às relíquias e aos objetos de poder que surrupiaram com as expedições projetadas pela Sociedade Ahnenerbe, além das centenas de obras de arte tiradas dos principais museus da Europa.

O Exército Vermelho conseguiu se apoderar de boa parte dos arquivos guardados na sede central dessa organização pseudocientífica ligada à SS, mas os documentos realmente comprometedores foram destruídos pelos próprios alemães antes de cair em mãos dos odiados inimigos, o que dificultou a compreensão de alguns dos elementos históricos mais controvertidos do nazismo.

A destruição desses textos por parte dos membros da SS talvez se devesse à sua necessidade de esconder o lugar onde, desde então, descansariam suas valiosas peças arqueológicas e diversos objetos religiosos de caráter sagrado. Como era de esperar, logo surgiram várias teorias sobre a possível localização desses tesouros nazistas. Segundo o pesquisador Jean Michel Angebert, eles foram escondidos em uma base secreta na Antártida, o que parecia coincidir com uma lenda absurda sobre a existência de um reduto nazista no continente gelado, guarnecido pelos últimos adeptos do nacional-socialismo, que ali ficaram esperando o momento oportuno para proclamar um novo Reich.

Mais consistente é a hipótese de um local entre os Alpes bávaros e a região austríaca de Aussee. Segundo o famoso "caçador" de nazistas, o judeu Simon Wiesenthal, os SS levaram para essas remotas paragens seus documentos mais confidenciais, bem como a maior parte do famoso tesouro, que sem dúvida continha também os objetos de poder.

Nesse sentido, um fato estranho ocorrido a 2 de maio de 1945 (logo após o suicídio de Hitler e da rendição incondicional da Alemanha) lançou alguma luz sobre esses acontecimentos. Naquele dia, um destacamento formado por oficiais sobreviventes da SS tomou posição na estrada que ligava as cidades austríacas de Salzburgo e Innsbruck, a fim de permitir que um comboio vindo do Berghof, o Ninho da Águia de Adolf Hitler, percorresse um arriscado trajeto pelo vale do rio Isar, um afluente do Danúbio. O Isar tinha enorme significado para os nazistas porque atravessava a Baviera e a cidade de Munique, um dos berços do movimento, razão pela qual muitos dos condenados em Nuremberg pediram que suas cinzas fossem jogadas nas águas desse rio após a execução. Curiosamente, sua fonte se situa na fronteira entre a Alemanha e a Áustria, em uma zona alpina conhecida como o Karwendel e muito próxima da cidade de Mittenwald, outro dos destinos escolhidos pelos nazistas como esconderijo de seu tesouro.

Dali, prosseguiram viagem tentando passar o mais despercebidos possível, sob a proteção das montanhas, até chegar ao vale do Ziller, uma bela região austríaca atravessada pelo rio Inn, onde deixaram seu misterioso carregamento e se dispersaram para nunca mais ser vistos.

Conforme a lenda, outro pequeno destacamento da SS os esperava na formosa região alpina. Impacientes, os guardas negros se desobrigaram do tesouro sagrado do nazismo e devemos supor que esses objetos de poder eram os que discutimos em páginas anteriores, pois, de imediato, os SS executaram outra das estranhas cerimônias que os membros da Ahnenerbe protagonizavam durante seus anos de loucura.

Após esse ato mágico-religioso, os responsáveis pelo tesouro desconhecido transportaram um enorme cofre de chumbo por uma senda sinuosa que os levou à geleira de Schleigeiss, situada na base do Hochfeiler, um monte de 3 mil metros de altura, e ali enterraram os objetos de poder. Mas essa história espantosa não termina aqui, já que os boatos começaram a se espalhar e atraíram para o local numerosos caçadores de tesouros dispostos a resolver o enigma. Como não poderia deixar de ser, é nesse momento que o tesouro assume um caráter maldito, pois muitos dos aventureiros morreram terrivelmente mutilados, como o oficial austríaco Franz Gottliech e os alpinistas Helmuth Mayr e Ludwig Pichler, que se precipitaram pelas escarpas da ameaçadora montanha. Sorte parecida coube a Emmanuel Werba, decapitado em 1952 quando tentava encontrar as relíquias. Esses acontecimentos alimentaram as suspeitas sobre a existência dos últimos sobreviventes da temível Ordem Negra, cujo único objetivo fora manter em segredo seu tesouro sagrado.

◆ Hochfeiler. O monte austríaco de Hochfeiler foi palco de várias e inexplicáveis mortes que alimentaram a crença na existência de um suposto tesouro maldito da SS.

Embora pareça incrível, a chave para encontrar o paradeiro de outro grande tesouro nazista, estreitamente relacionado ao anterior por sua proximidade geográfica e pelos acontecimentos históricos que lhe deram origem, podia estar oculta em uma partitura musical, uma espécie de mapa do tesouro cujas mensagens, ainda não decifradas, marcariam a direção a seguir nesse tortuoso caminho percorrido por centenas de pesquisadores em busca do ouro nazista. A fim de entender a gênese desse novo episódio, devemos voltar ao interior do *bunker* da Chancelaria, àquele longínquo 30 de abril de 1945 em que Adolf Hitler decidiu pôr fim à vida depois de arrastar o povo alemão para a miséria mais absoluta.

Após a morte de seu líder, os principais dirigentes do Partido Nacional-Socialista dos Trabalhadores Alemães resolveram seguir o exemplo de Hitler. Nosso conhecido Heinrich Himmler recorreu ao suicídio quando se viu acuado e sem possibilidade de escapar à perseguição dos exércitos aliados desde o momento em que a paz foi concluída. O ministro da Propaganda, o terrível e sanguinário doutor Goebbels, quis protagonizar com sua família um dos episódios mais dramáticos e arrepiantes da história do movimento: ele e a esposa decidiram envenenar todos os seus filhos para evitar que caíssem nas mãos de um regime que não fosse o nacional-socialista. Pouco depois, o comandante da Luftwaffe, Herman Goering, preferiu mastigar uma cápsula de cianureto a ser enforcado após sua condenação no tribunal de Nuremberg.

Enquanto isso, um dos hierarcas mais importantes do movimento, Bormann, conseguia escapar do *bunker* e encontrar asilo em um país distante, de onde administraria os bilhões de dólares em forma de lingotes de ouro e pedras preciosas que havia acumulado para reconstruir um hipotético e futuro IV Império alemão, quando as circunstâncias o permitissem. Conforme a versão oficial, o secretário de Hitler deixou o *bunker* por volta das onze horas da manhã do dia 1º de maio, acompanhado, entre outros, pelo médico da SS Ludwig Stumpfegger, o membro da Juventude Hitlerista Artur Axmann e o piloto Hans Baur. Escapando às bombas que explodiam sobre a capital alemã, alcançaram por fim o túnel de uma estrada de ferro que levava à estação da Friedrichstrasse, dispostos a burlar o cerco soviético imposto a Berlim. Dali, saíram à superfície e se juntaram a um grupo que tentava cruzar o rio Spree pela ponte Weidendammer, protegidos por um dos poucos tanques Tiger que continuavam enfrentando os russos. Apesar da determinação dos tripulantes, o tanque de guerra foi alvejado por uma descarga de artilharia soviética, tornando, assim, impossível o avanço de Bormann e seus acompanhantes, que então se dirigiram para a estação Lehter, onde Axmann decidiu abandonar a pequena comitiva e tomar o rumo oposto ao de Bormann. Mal dera alguns passos, Axmann avistou uma patrulha do exército russo e teve de voltar, quando então encontrou os corpos sem vida de Stumpfegger e Bormann. Isso, pelo menos, foi o que ele disse aos aliados durante o interrogatório ao qual foi submetido após sua captura, mas muitos duvidaram da veracidade do relato, entre outras coisas porque os russos nunca acharam o corpo do secretário do *Führer*.

Por esse motivo, não poucos ainda acreditam que Bormann escapou com vida e iniciou uma longa viagem para a Argentina, onde conseguiu sobreviver até 1972, ano de sua morte, levando para a tumba o segredo do destino do enorme tesouro monetário do brutal regime nacional-socialista.

Em abril de 1945, os diretores do Reichsbank tentaram esconder parte da reserva monetária nazista em Einsiedl, uma aldeia às margens do lago Walchen, na Baviera, que sempre foi considerada o último baluarte defensivo de uma Alemanha agonizante. A sorte não foi propícia aos nazistas, pois a operação nem chegou a ser realizada, mas há razões suficientes para crer que uma parte desse ouro ficou escondida em algum lugar desconhecido.

Muitas foram as tentativas para encontrar os restos do ouro nazista. Como o leitor já sabe, algumas ocorreram nas imediações do lago Toplitz, outras em lugares mais longínquos e mesmo exóticos; porém, uma das mais fascinantes teve como protagonista o músico e diretor de cinema holandês Leo Giesen, que em 2012 assegurou ter encontrado a solução do enigma do ouro nazista. Segundo ele, os alemães esconderam os lingotes na cidade bávara de Mittenwald, situada a 16 quilômetros de Einsiedl. Tão certo estava de suas deduções que apareceu nessa bela localidade com uma escavadora, disposto a perfurar as ruas em busca do tesouro, o que criou um problema com as autoridades locais.

Para explicar sua teoria, o autor recorre a uma velha lenda relacionada, de novo, à fuga de Bormann nos momentos finais da Segunda Guerra Mundial. Ao que parece, o secretário do *Führer* anotou em uma partitura musical do compositor Gottfried Federlein, a marcha *Impromptu*, uma série de letras, figuras e runas cuja correta interpretação nos permitiria saber o lugar exato onde foi ocultado o tesouro.

◆ Partitura da marcha *Impromptu*. Essa partitura, composta por Gottfried Federlein, foi interpretada como um autêntico mapa do tesouro, cuja correta compreensão nos permitiria saber o lugar exato onde foi enterrada parte da reserva monetária do regime nacional-socialista.

Seria de supor que a partitura chegasse a algum dos contatos de Bormann em Munique. Mas isso não aconteceu e sua pista se perdeu durante anos, até que finalmente ela caiu em poder de um jornalista holandês chamado Jarl Hammer Kaatee, o qual dedicou parte da vida a decifrar seu segredo. Tentou várias vezes, mas o enigma parecia insolúvel e por isso ele resolveu publicá-la na Internet, em dezembro de 2012. Pouco depois, Giesen chegou à conclusão de que o lugar só podia ser Mittenwald, já que em uma das linhas da partitura se podia ler: "Wo Matthias die Saiten Streichelt" ("Onde Matthias acariciava as cordas"), segundo ele uma referência a Matthias Klotz, um eminente fabricante de instrumentos de corda de Mittenwald, cuja fama perdura até hoje.

E há mais. Essa partitura parece esconder um diagrama quase imperceptível das linhas férreas que atravessavam a localidade alemã nos anos 1940, enquanto a citação "Ender der Tanz" ("Finaliza a dança") indicaria que os lingotes estavam guardados sob o leito da via.

O principal problema do cineasta holandês foi que ele não conhecia o traçado das vias férreas durante os anos 1940 e precisou fazer diversas perfurações sem grandes resultados, o que não bastou para desvendar esse novo mistério relacionado a um dos regimes mais brutais de nossa história.

O ESTRANHO CASO DE ERICH HEBERLEIN

A existência de partituras nazistas com informações exatas para desvendar o paradeiro dos tesouros do Terceiro Reich animou o pesquisador espanhol José Ignacio Carmona a estudar cuidadosamente um enigmático acontecimento que envolveu Erich Heberlein Stenzel, assistente de Stohrer, embaixador alemão na Espanha. Segundo o escritor toledano, Stohrer foi obrigado a abandonar o país em março de 1943 em consequência de um incidente inexplicado com o representante da Gestapo na Espanha. Por sua vez, Heberlein resolveu fixar residência perto da cidade de Toledo, em uma fazenda pertencente à sua esposa e situada em La Legua. Ali continuou atento às notícias sobre o desenrolar de uma guerra que, em definitivo, já não atendia aos interesses de sua pátria, mais um motivo para ele se desligar de um regime que logo teria de prestar contas por ter levado o mundo à beira da destruição.

Heberlein fazia o possível para passar despercebido, mas algo ocorreu que mudou sua sorte, pois, na madrugada de 17 para 18 de junho de 1944, teve o sono interrompido por dois agentes alemães que tiraram a ele e sua mulher de casa com ordem de escoltá-los até Madri, onde seriam submetidos a um férreo interrogatório. Ante a resistência do ex-diplomata, os agentes levaram os Heberlein ao aeroporto de Alcalá de Henares, onde um avião os esperava para conduzi-los a Biarritz e deixá-los nas mãos da temível Gestapo. Não podia haver, para o casal, destino pior do que cair em poder da polícia secreta alemã. Os dois passaram os meses seguintes nos campos de concentração de Sachsenhausen, Buchenwald e Dachau, mas, quando tudo já estava perdido para os nazistas, os SS transferiram-nos para a zona do Tirol, onde tiveram a sorte de ser libertados pelos exércitos aliados.

Depois de sua épica aventura, durante a qual se viram obrigados a sobreviver dentro dos atrozes campos de concentração nazistas, onde testemunharam o horror e a crueldade dos SS, os Heberlein nem pensaram em regressar a um país que amavam apaixonadamente e fixaram residência na cidade de Toledo até a data de sua morte em 1980, em uma bela casa-jardim no centro urbano conhecido como El Rincón.

Além do mais, segundo José Ignacio Carmona, em 1950 os Heberlein já estavam morando no número 5 do Corredorcillo de San Bartolomé. No ano seguinte, conseguiram autorização para trazer de sua casa de Walchstad um órgão e vários livros e objetos diversos de grande valor pessoal, muitos deles relacionados à sua grande paixão, a música, da qual foram testemunhas os vizinhos de Toledo, que se deleitavam ouvindo o alemão tocar em várias igrejas da cidade.

Até 1980, nada parecia chamar a atenção na vida dessa intrigante pessoa. De novo, conseguiu passar despercebido em uma cidade que o recebeu de braços abertos, mas, depois de sua morte, os acontecimentos se sucederam. Há pouco, foi descoberto e examinado o arquivo pessoal de Heberlein, onde se destacava um velho e corroído álbum de partituras musicais também com uma série de anotações à margem impossíveis de decifrar. Obviamente, essas enigmáticas partituras, entre as quais sobressaíam as do compositor e clarinetista alemão Georg Friedrich Fuchs (1752-1821), que concentrou sua obra em música para bandas militares, lembravam as que vimos anteriormente, da marcha *Impromptu*.

Tudo parecia coincidir. As partituras de Heberlein e suas curiosas anotações poderiam indicar o paradeiro do novo tesouro, mas serviriam também para esclarecer as circunstâncias em que ocorreu o até agora inexplicável interrogatório e encarceramento do ex-diplomata alemão. Além disso, segundo Carmona, o novo mistério talvez estivesse relacionado ao conhecido interesse de Himmler pela busca do Graal em terras espanholas. Infelizmente, não temos indício algum para corroborar a hipótese do pesquisador toledano, que de forma magistral deixou uma porta aberta, convidando os estudiosos a aprofundar a investigação do estranho caso de Erich Heberlein.

WILHELM GUSTLOFF, O *TITANIC* NAZISTA

Em 1937, Adolf Hitler batizava o que iria ser um dos navios mais imponentes da marinha alemã. O *Wilhelm Gustloff* tinha 208,5 metros de comprimento por 23,5 de largura, com um interior onde se destacavam a elegância e o luxo para o prazer de cerca de 2 mil passageiros, que a partir desse momento começaram a sulcar os mares para visitar a bela ilha da Madeira. Mas essas travessias de puro gozo logo foram canceladas em consequência do início da Segunda Guerra Mundial.

Não tardou e as autoridades alemãs deram ao navio uma utilidade militar. Em 1939, ele foi enviado à Espanha para recolher os aviadores da Legião Condor e, nesse mesmo ano, pouco depois da invasão da Polônia, serviu como navio-hospital, até ser requisitado em 1940 para fazer parte da Operação Leão-Marinho (a invasão terrestre da Grã-Bretanha), uma vez que a Luftwaffe havia esbarrado na resistência de alguns ingleses que, a partir de então, se viram coagidos a lutar sozinhos contra o gigante nazista. O cancelamento da operação, depois da façanha britânica, fez com que o navio fosse deslocado para o porto de Sttetin, onde permaneceu relegado ao esquecimento até 1945, quando uma Alemanha moribunda se preparava para oferecer sua derradeira resistência antes de ser completamente derrotada pelos exércitos aliados dos Estados Unidos, Grã-Bretanha e

União Soviética. Em janeiro do mesmo ano, um jovem capitão assumiu o comando do *Wilhelm Gustloff* a fim de colaborar na evacuação dos milhões de refugiados alemães que abandonavam seus lares na Europa Oriental para não cair nas garras dos soldados soviéticos.

Após uma lenta travessia, o navio conseguiu chegar a Gdynia, na Polônia, e ali o capitão recolheu mais de 10 mil refugiados, número que superava em muito a capacidade real do navio, principalmente se levando em conta que havia botes salva-vidas apenas para umas 5 mil pessoas. Mas isso pouco importava, pois os marinheiros do *Wilhelm Gustloff* se negaram a permitir que alguém ficasse para trás, à mercê dos sanguinários soldados do Exército Vermelho. O que não sabiam era que a desgraça estava prestes a cair sobre eles.

O *Wilhelm Gustloff* navegava há poucas horas quando um submarino S-13 russo, sob o comando de Alexander Marinesko, conseguiu detectá-lo e se acercou sem ser notado até ficar em posição de tiro. A poucos metros do alvo, o submarino soviético disparou três torpedos de proa que atingiram em cheio o navio alemão: em poucos minutos, ele foi a pique, levando consigo mais de 9 mil pessoas – homens, mulheres e crianças. Esse massacre foi uma das tragédias navais mais aterrorizantes do século XX.

O que ninguém podia imaginar era que a história do *Wilhelm Gustloff* estaria de novo em voga mais de setenta anos depois. Recentemente, um mergulhador britânico chamado Phil Sayer afirmou ter encontrado no interior desse navio, conhecido como *Titanic* alemão, os restos do que podia ser o grande tesouro nazista roubado pelos alemães durante a Segunda Guerra Mundial. Segundo declarações ao *Daily Star*, esse tesouro, avaliado em pelo menos 100 milhões de libras, se encontraria nas águas do mar Báltico, ao largo das costas da Polônia e a uma profundidade de 450 metros.

Segundo Sayer, todos os indícios pareciam apontar nessa direção. Em primeiro lugar, contava com o testemunho de um dos poucos sobreviventes do naufrágio, um operador de rádio chamado Rudi Langue, que tinha visto soldados alemães, enquanto fumava um cigarro no cais, levando para bordo do *Wilhelm Gustloff* algumas caixas cheias de ouro, pouco antes de o navio zarpar do porto de Gdynia. O que o mergulhador inglês não explicou foi como o operador de rádio viu o que estava dentro das caixas. Para solucionar esse problema, Sayer recorreu a uma segunda fonte. De modo suspeito, garantiu que em 1972 entrou em contato com um dos guardas encarregados de vigiar as caixas e este lhe confirmou que, efetivamente, o grande tesouro nazista estava nelas. E foi além, explicando em outra declaração ao *Daily Star* que, em 1988, mergulhou em uma expedição cujo objetivo era reconhecer os restos do navio afundado pelos soviéticos e ali havia visto as famosas caixas através de uns barrotes que atravancavam algumas das escotilhas.

CAPÍTULO 8

O Salão de Âmbar e os Grandes Tesouros da Segunda Guerra Mundial

O ORGULHO DA RÚSSIA CZARISTA

Em 1716, o rei Frederico Guilherme I da Prússia presenteou o czar Pedro, o Grande, com um magnífico apartamento revestido de 400 quilos de âmbar, um material muito apreciado por sua cor atraente, mas também pelas propriedades mágicas com as quais ele estava associado. O Salão de Âmbar, como passou a ser conhecido desde então, se transformou em um dos símbolos mais reverenciados da monarquia russa.

O quarto foi construído por encomenda de Sofia Carlota de Hannover, esposa de Frederico I da Prússia, entre 1701 e 1709. De sua construção participaram alguns dos melhores artesãos dinamarqueses e alemães, que decidiram utilizar âmbar para criar uma série de painéis de revestimento decorados com folhas de ouro, valiosas gemas e espelhos. Uma vez concluído, esse quarto fantástico localizado no Palácio Real de Berlim se converteu em um dos espaços mais preciosos dos Hohenzollern. Por esse motivo, foi ampliado e embelezado até alcançar a extensão de 55 metros quadrados, consumindo a nada desprezível quantidade de seis toneladas de âmbar. Tamanha era sua fama que, em uma visita posterior à capital prussiana, o czar Pedro I da Rússia quis ver com seus próprios olhos essa magnífica habitação de que tanto se ouvia falar.

Ao rei prussiano não escapou o interesse que o Salão despertara em seu aliado e por isso decidiu tirar proveito dele. Evidentemente, não custou muito ao monarca prussiano desfazer-se desse fabuloso tesouro: Frederico Guilherme estava disposto a fazer da Prússia um dos Estados mais poderosos da Europa e necessitava, ao menos por enquanto, do apoio incondicional da Rússia. Pretendia estreitar, ainda mais, a aliança entre os dois países e conseguir o apoio do czar para empreender com segurança sua guerra contra os suecos.

O conflito com a Suécia se originou pouco depois do início de seu reinado em 1713, especialmente devido à disputa que ambos os países travavam pelo controle da Pomerânia. O apoio da Rússia e a força do exército prussiano foram suficientes para que Frederico Guilherme I vencesse e forçasse os suecos a firmar o Segundo Tratado de Estocolmo no dia 21 de janeiro de 1720, pelo qual a Prússia recebia a Pomerânia sueca ao sul do rio Peene e a leste do Oder, incluindo as estratégicas ilhas de Usedom e Wollin.

Apesar de ser conhecido como o Rei Sargento, essa foi a única guerra que ele empreendeu durante todo o seu reinado. À diferença do pai, o impulsivo e temperamental Frederico I da Prússia, o jovem monarca tratou de instaurar uma corte mais austera e competente, a partir de um processo de centralização das administrações estatais que se traduziu em uma imediata melhora da situação financeira da Prússia. Dessa forma, Federico Guilherme se punha na órbita das grandes nações europeias como a França e, posteriormente, a Espanha, onde o monarca Filipe V de Bourbon conseguiu implantar os Decretos de Nova Planta, depois de eliminar as leis e instituições próprias de cada uma das regiões que formavam a monarquia, entre elas os foros e as normas medievais que defendiam os privilégios econômicos dos mais poderosos.

Frederico Guilherme I da Prússia também incentivou a indústria e o comércio em seu reino, além de repovoar as áreas mais desabitadas e instituir o ensino primário obrigatório na Prússia. Embora não fosse um rei belicoso, motivo pelo qual não mereceu a admiração dos nacionalistas alemães dos séculos XIX e XX, Frederico vestia uniforme militar e dedicou parte dos recursos de sua saudável economia ao fortalecimento do exército. O rei prussiano não voltou a participar de nenhuma guerra depois de sua vitória sobre a Suécia, mas isso não impediu a reforma da Guarda de Potsdam, um regimento de infantaria formado por soldados de grande estatura e compleição atlética. Isso, com o tempo, foi mais um exemplo da absurda obsessão dos alemães por um exército de homens altos, fortes e loiros. Pedro, o Grande, logo lhe enviou 55 soldados de sua própria guarda pessoal, todos eles com cerca de 2 metros de altura, como mostra de gratidão pelo Salão de Âmbar com que tinha sido tão generosamente presenteado.

Quanto ao Salão, seu primeiro destino foi o Palácio Imperial de Inverno, residência oficial de Pedro I no início do século XVIII. Mais tarde, em 1755, levaram-no para o palácio de Catarina em Tsarskoye Selo, situado a 25 quilômetros de São Petersburgo, por expresso desejo da imperatriz Elizabete. Ali permaneceu cerca de duzentos anos, até que em 1941 os alemães lançaram a Operação Barba-Ruiva e chegaram quase às portas da antiga São Petersburgo, então chamada Leningrado.

◆ Palácio de Catarina em Tsarskoye Selo. A esse belo lugar foi enviado o Salão de Âmbar em meados do século XVIII e ali permaneceu até cair nas mãos dos alemães durante sua temida Operação Barba-Ruiva.

Um seleto grupo de especialistas soviéticos recebeu a incumbência de transportar o Salão para Sverdlovsk, como já tinha sido feito com grande parte das riquezas entesouradas na velha cidade imperial. Por desgraça, não puderam cumprir a missão devido à sua incompetência em desmontar os painéis que cobriam o recinto e, sobretudo, às divisões blindadas que se aproximavam de Leningrado como consequência do rápido avanço alemão. Assim, os "especialistas" sob as ordens de Anatoly Kuchumov optaram por tapar os painéis de âmbar com simples folhas de papelão para ver se, por um acaso, o Salão não passaria despercebido aos olhos de seus odiados inimigos. Evidentemente, os russos não puderam evitar o saque de seu grande tesouro porque os nazistas não tardaram em ocupar Tsarskoye Selo, antes até de iniciar o sítio de Leningrado. O novo grupo de especialistas não teve problemas para desmontar, em apenas 36 horas, um recinto que os nazistas diziam ser deles por suas origens prussianas.

Dali, os alemães o levaram para a cidade de Königsberg, capital da Prússia Oriental, onde ficou em exibição a partir de novembro de 1941. O Salão permaneceu nesse lugar até o final da guerra, quando sua pista se perde definitivamente. Alguns meses antes, em julho de 1944, o castelo de Königsberg sofreu graves danos em consequência de um implacável e preciso bombardeio da Força Aérea Real britânica. Segundo a versão oficial, o Salão foi destruído após sofrer danos irreparáveis. No entanto, são muitas as dúvidas acerca do desaparecimento dessa inigualável obra de arte, já que, entre outras coisas, a própria estrutura do castelo alemão nos convida a pensar na possibilidade de que o Salão de Âmbar sobrevivesse a tão terrível desastre. Por outro lado, como haviam demonstrado os próprios alemães no ano de 1941, as técnicas de construção desse magnífico recinto, com uma série de painéis de âmbar fixados nas paredes, permitiam sua rápida transferência para outros lugares, evitando, assim, que caísse nas mãos dos soviéticos.

INICIA-SE A BUSCA

No início de 1945, os russos, sedentos de vingança, já se encontravam às portas da Prússia Oriental. Em uma última tentativa para frear seu avanço, o *Führer* confiou a Himmler o comando dos exércitos do Oder, mas desde o começo a incompetência do chefe da SS se revelou no campo de batalha.

Na tentativa de ser o primeiro a chegar à capital alemã, Stalin ordenou que Koniev avançasse para noroeste. Isso isolou a Prússia Oriental do resto da Alemanha e deixou Königsberg totalmente cercada por forças muito superiores.

Antes que acontecesse o pior, as autoridades nazistas já tinham evacuado a maior parte dos tesouros da cidade em janeiro de 1945. Quadros, esculturas e cerâmicas de valor artístico inestimável foram levados para oeste a fim de evitar que caíssem nas mãos dos russos. Quanto ao destino do Salão de Âmbar, os historiadores nada sabem ao certo, motivo pelo qual ignoramos se ele foi mesmo transferido, e por várias razões. Em primeiro lugar, os nazistas não puderam prever a rapidez com que o exército russo conseguiu avançar ao norte, deixando a Prússia Oriental bloqueada e sem possibilidades de organizar uma rápida transferência de suas riquezas. Em segundo lugar, o caos provocado pelos contínuos bombardeios de artilharia pesada tornou mais difícil organizar uma operação de resgate do Salão de Âmbar – e isso sem levar em conta a escassa quantidade de tropas disponíveis, pois quase todos os sobreviventes do exército alemão estavam no bolsão de Königsberg, lutando desesperadamente para evitar que sua preciosa cidade caísse em poder dos soviéticos.

A impossibilidade de evacuá-lo por via terrestre seria a causa pela qual, segundo alguns historiadores, ele foi colocado em uma embarcação da Kriegsmarine, ainda que, por enquanto, e tal como vimos no caso do *Wilhelm Gustloff*, essas devam ser consideradas meras hipóteses sem nenhuma prova documental.

Finalmente, Königsberg foi atacada em abril de 1945, mas então a cidade era guarnecida por uns 40 mil homens, muitos deles pertencentes à Volkssturm, uma milícia popular pouco organizada e quase sem armamento para se defender. As tropas alemãs, agora sob o comando de Otto Lasch, fizeram o possível para evitar que esse enclave cedesse, deixando a população à mercê do exército russo, liderado por Alexander Vasilevsky e Konstantin Rokossovsky. A luta foi atroz, como se vê pelo número de baixas de ambos os lados (cerca de 90 mil alemães, entre civis e militares, e mais de 130 mil soviéticos), mas os defensores de Königsberg não puderam fazer nada para evitar que o cerco se fechasse. Vendo tudo perdido, Adolf Hitler ordenou no *bunker* da Chancelaria o prosseguimento da luta até o último homem; mas sua ordem foi ignorada por esse bom oficial alemão, que não quis permitir o sacrifício de milhares de compatriotas por uma causa já perdida.

No dia 10 de abril, Königsberg rendeu-se e foi palco de uma orgia de violência, terror e repressão por parte dos comunistas. Milhares de homens jovens, idosos e até meninos foram executados sem julgamento, enquanto praticamente todas as mulheres alemãs eram violentadas selvagemente, algumas até setenta vezes antes de ser mortas. A cidade estava destruída, praticamente não havia nenhuma edificação em pé e, quanto ao castelo, se converteu em um monte de ruínas fumegantes. Não faz muito tempo, soube-se que os comunistas russos organizaram umas Brigadas Soviéticas de Troféus, as quais percorreram, como antes haviam feito os nacional-socialistas, os territórios conquistados da Europa Oriental saqueando todas as obras de arte de museus e coleções privadas que caíam em suas mãos para levá-las ao Hermitage ou ao museu Pushkin de Moscou. Entre os membros das brigadas estava o incompetente Anatoly Kuchumov, o encarregado de esconder o Salão de Âmbar em 1941, quando os nazistas o roubaram, o qual, como recordará o leitor, não teve melhor ideia para ocultá-lo do que cobri-lo com papelão.

◆ Castelo de Königsberg no início do século XX. Depois de cair em poder dos alemães, o Salão foi exposto no castelo dessa cidade, considerada um dos centros espirituais do nazismo.

Quando os comandantes do Exército Vermelho deram ordem de recolher o precioso butim, os soldados russos iniciaram uma exaustiva busca e comprovaram que ali não restava nem sinal do recinto (ou, pelo menos, foi o que se disse). O próprio

Kuchumov se encarregou de vistoriar os porões do castelo na recentemente rebatizada cidade de Kaliningrado. Apesar de tudo, o russo não perdeu as esperanças porque, pelo menos, conseguiu encontrar três dos quatro mosaicos de pedra que ornamentavam o Salão e, por esse motivo, pediu autorização para escavar sob as ruínas do castelo, pois talvez os alemães o tivessem ocultado ali quando viram que não poderiam continuar resistindo. Mas, de novo, Kuchumov se viu face a face com a realidade. Havia falhado novamente.

Não cabia dúvida: esse antigo tesouro da Rússia imperial tinha desaparecido sem deixar rastro. Em definitivo, os porões do castelo de Königsberg estavam completamente vazios. Mas, então, onde fora parar o Salão de Âmbar?

A partir daí, as hipóteses sobre o lugar onde tinham sido escondidos os restos do recinto só se multiplicaram. Como dissemos, uma das mais curiosas teorias é a da possibilidade de que as placas de âmbar foram postas em um navio ou submarino alemão e levadas para algum lugar desconhecido da Alemanha não ocupada pelos soviéticos e até para a Dinamarca, que na época ainda permanecia nas mãos dos nazistas.

Outros sugeriram que, talvez, os bombardeios aliados sobre Königsberg ou mesmo o ataque da artilharia russa antes da tomada da cidade conseguiram destruir em parte as placas de âmbar que se encontravam escondidas no porão do castelo, de modo que, depois do conflito, o Salão de Âmbar ficou fragmentado e exposto à comercialização por parte de ricos investidores desejosos de possuir um pedaço da história. Nesse sentido, em 1997, um aposentado de Bremen surpreendeu a opinião pública ao afirmar que tinha um fragmento do Salão e estava disposto a vendê-lo. O escândalo foi enorme e provocou a intervenção das autoridades alemãs, que decidiram apreender o material e submetê-lo a um rigoroso exame para determinar sua autenticidade. Para assombro de todos, os cientistas alemães chegaram à conclusão de que o fragmento era autêntico; mas não se soube o destino do resto do Salão depois de 1945. Evidentemente, as autoridades soviéticas não podiam permanecer à margem da investigação. Para eles, a descoberta do Salão de Âmbar era uma questão de honra, pois queriam recuperar algo que em anos anteriores os nazistas lhes haviam roubado. Na década de 1950, a recém-criada KGB voltou sua atenção para o castelo de Kaliningrado; mas não foi a única porque, na época, a Stasi (*Ministerium für Staatssicherheit* ou Ministério para a Segurança do Estado), a principal organização da polícia secreta da Alemanha Oriental, criada com a intenção de ter o controle total da população para impor um férreo Estado totalitário, iniciava também sua busca. Os motivos, não sabemos bem; mas, de acordo com o historiador Martin McCauley, a República Democrática Alemã nunca se perdoou o fato de os alemães terem atacado um país comunista e, por isso, estava disposta a fazer o possível para redimir-se de seus "pecados" e entregar a Stalin o Salão de Âmbar numa bandeja de prata.

O problema era que não sabiam por onde começar. Resolveram, então, publicar um anúncio no jornal do regime, o *Freie Welt*, pedindo a ajuda dos cidadãos da Alemanha Oriental para encontrar o Salão. É quando um polêmico oficial da Stasi entra em cena. Paul Enke fora um notório nazista integrante da Juventude Hitlerista que, capturado pelas forças soviéticas e posteriormente "reeducado", se converteu em um fiel adepto do comunismo. Isso demonstra, uma vez mais, quão tênues são os limites entre as ideologias de viés extremista, tal como ficou confirmado na década de 1990, quando, depois da queda das ditaduras de esquerda nos países do Leste Europeu, muitos dos membros da Juventude Comunista se transformaram, quase automaticamente, em férreos defensores dos postulados neonazistas.

Desde esse momento, a descoberta do recinto se converteu em uma obsessão que acompanhou Enke até o dia de sua morte. Uma semana depois de publicar o anúncio, o oficial da Stasi recebeu uma carta de um personagem anônimo que alegou ter encontrado uns documentos pertencentes a seu pai, um membro da SS, referentes à transferência de uma série de caixas para um abrigo secreto e que terminava com uma nota suspeita: "Missão Salão de Âmbar concluída. Armazenado em BSCH. Acesso dinamitado. Baixas por ação do inimigo".

A informação não podia ser mais precisa. Enke decidiu seguir a pista e investigar com base nos dados transmitidos na carta. Se aquele homem não mentia, isso significava que o Salão fora tirado do castelo de Königsberg e, portanto, só aguardava o momento certo para se dar a conhecer. Examinando a pista do tesouro, chegou à conclusão de que o refúgio secreto mencionado na carta devia estar em algum ponto indeterminado dos montes Metálicos, na fronteira entre a Alemanha e a República Tcheca. Ali, com efeito, havia numerosas minas que poderiam ter sido utilizadas para esconder as obras saqueadas e inclusive parte das reservas monetárias do Terceiro Reich, tal como ocorrera nas famosas minas de sal de Altaussee, na Áustria.

Esse raciocínio não podia ser mais coerente, mas, para infelicidade do ex-nazista, agora coronel da polícia comunista da Alemanha Oriental, descobriu-se que a carta anônima não passava de uma grosseira falsificação. Além disso, quase ao mesmo tempo, a KGB obtinha novas pistas que, em princípio, contradiziam as conclusões de Enke. Na década de 1960, os serviços secretos soviéticos decidiram interrogar Erick Koch, governador da Prússia Oriental durante o período nazista e personagem muito ligado ao Salão de Âmbar, por ter sido a pessoa encarregada de sua transferência do palácio de Santa Catarina para o castelo de Königsberg. Segundo relatos da KGB, Koch ordenou que o recinto fosse desmontado pouco antes da queda da cidade e imediatamente enterrado em um abrigo subterrâneo. Era exatamente disso que os russos suspeitavam desde o começo e eles não perderam a oportunidade de organizar escavações, que novamente terminaram em um fracasso retumbante.

Já haviam se passado mais de vinte anos desde o fim da guerra com os alemães e o Salão de Âmbar teimava em não aparecer. Pouco a pouco, o interesse em encontrar esse inigualável tesouro foi diminuindo, mas não para Anatoly Kuchumov: ele se pôs à frente de uma estranha associação, a Sociedade Coral, que se reunia em uma sala de ensaios da igreja de Kaliningrado com o objetivo único de concretizar seu sonho.

PERSEGUINDO UM SONHO

Com o passar do tempo, as conclusões a que Enke havia chegado sobre o último destino do tesouro foram perdendo substância. Suas investigações o levaram até Weimar, onde ele estudou os arquivos da coleção privada de Erick Koch, descobrindo que esse famigerado saqueador de obras de arte havia possuído 132 candelabros de prata, os mesmos do interior do Salão de Âmbar. Animado pela nova descoberta, Enke se empenhou a fundo em descobrir para onde a coleção do líder nazista tinha sido transportada. Os interrogatórios se sucederam na localidade alemã de Weimar e, como resultado dessas investigações, ele soube que vários veículos da Cruz Vermelha haviam sido carregados com caixas antes do final do conflito e tomaram em seguida a direção dos montes Metálicos. Tudo parecia coincidir, as pistas e os diversos depoimentos apontavam para o mesmo lugar.

O foco incidiu então em uma área dessas montanhas coberta de densos bosques e rica em minas de prata, mas especialmente uma cuja entrada estava obstruída em consequência de uma evidente explosão para impedir o acesso a seu interior. Os trabalhos se iniciaram imediatamente e Enke logo verificou que todo o seu trabalho fora em vão: quando finalmente conseguiu entrar, descobriu que não havia nada ali, apenas algumas páginas do jornal soviético *Pravda* de julho de 1945, comprovando que os russos tinham se antecipado e explodido a entrada da mina. Quase ao mesmo tempo, descobriu-se que a carta recebida anos atrás, informando sobre a transferência do Salão, era falsa. De novo Enke havia fracassado, mas, apesar de tudo, nunca abandonou suas investigações e sua tentativa de descobrir o segredo do tesouro.

Em 1984, o governo soviético decidiu fechar a Sociedade Coral dirigida por um Anatoly Kuchumov que dois anos depois, como mostra de reconhecimento, recebeu o Prêmio Lênin por suas grandes conquistas e sua contribuição para o Estado, e isso apesar de seu notório fracasso na busca do Salão.

Segundo os jornalistas Adrian Levy e Cathy Scott Clark, os estudos de Kuchumov estavam desde o início condenados ao fracasso porque o Salão de Âmbar fora destruído pelos próprios russos, de forma acidental, logo após a conquista de Königsberg. Eles baseiam sua hipótese no relatório entregue às autoridades soviéticas por Alexander Ivanovich Brusov, um professor russo enviado à cidade alemã em maio de 1945. Segundo esse professor, na primavera de 1945 as autoridades alemãs desmontaram o Salão e o depositaram no Pavilhão dos Cavaleiros do castelo de Königsberg para levá-lo depois à Saxônia. Essa era pelo menos a intenção, mas a transferência nunca pôde se realizar porque, a crermos no testemunho pouco confiável do dono de um restaurante chamado *Blutgericht* (Tribunal de Sangue), situado na antiga sala de tortura do próprio castelo, o tesouro teria sido consumido pelas chamas.

Para conferir maior veracidade à sua tese, Brusov afirmou que ele próprio esteve lá em junho de 1945, quando viu os vestígios de um incêndio e reconheceu pequenos fragmentos de caixas de madeira meio consumidas pelo fogo, além de algumas molduras e dobradiças de cobre que podiam pertencer às portas do Salão.

Obviamente, a tese de Brusov parecia insustentável, levando-se em conta os esforços dos serviços de espionagem soviéticos em sua tentativa de desvendar o segredo desse antigo tesouro da Rússia czarista. Além do mais, em 1997, quatro anos após a morte de Kuchumov, foi encontrado o escrito de um pesquisador que dava alguma esperança aos interessados na busca do Salão:

> O fracasso na busca do Salão de Âmbar não deveria ser uma vergonha para o povo soviético. O Salão de Âmbar não desapareceu. Essa obra-prima não pode ter sido destruída deliberadamente. Há muitos lugares secretos dos nazistas na Alemanha, Áustria e em outros países que ainda não foram descobertos.

Em datas recentes, um ex-funcionário dos serviços secretos alemães confessou que, durante seu serviço no BND, foi encarregado de encontrar novas evidências sobre a última morada do Salão. Recentemente, Erich Stenz assombrou o mundo inteiro ao garantir que, depois de aposentar-se, encontrou finalmente o paradeiro secreto de um tesouro pelo qual sempre fora obcecado. Segundo ele, o Salão estaria atrás de um muro oculto situado no castelo tcheco de Friedland, a apenas 250 quilômetros da capital alemã.

Segundo o antigo espião alemão, anos atrás ele viajara até esse castelo para conversar com uma velha cozinheira que trabalhara ali no ano de 1945 e que, apesar do tempo transcorrido, ainda se lembrava da chegada ao local, antes do fim da guerra, de vários caminhões da SS com um carregamento desconhecido, do qual nunca mais se soube. A antiga criada do castelo gótico de Friedland morreu no ano de 2013 e dela Stenz não conseguiu obter mais informações sobre o estranho movimento de caixas que os nazistas da SS levaram a cabo no castelo, sob o mais absoluto sigilo. Era óbvio para ele que os nazistas tentaram esconder alguma coisa nesse lugar – mas onde? Imediatamente, começou a examinar todas as plantas do edifício e encontrou várias irregularidades, como a existência de muros sem nenhuma função estrutural ou decorativa.

Certo de que logo faria uma nova descoberta, Stenz voltou recentemente a Friedland, mas não contava com a má vontade das autoridades tchecas e, especialmente, da responsável pela administração do castelo, a *Schlossverwalterin* Jana Pavlikova. Ela se negou, de maneira categórica, a permitir que aquele aposentado alemão profanasse seu castelo impunemente e lhe negou autorização para derrubar qualquer muro de Friedland.

Grande foi o desgosto de Stenz, mas ele era um homem determinado e não quis se dar por vencido. O ex-espião do BND continuou buscando novas provas para abalar a resistência da inflexível administradora, que chegou a considerar sua ideia um verdadeiro disparate. Foi assim que ele tomou conhecimento da existência da estranha partitura musical, estudada durante muito tempo pelos caçadores de tesouros, onde haveria uma mensagem criptografada de Martin Bormann que, segundo muitos, indicava a existência de um tesouro nazista. Como bem imagina o leitor, trata-se da marcha *Impromptu* de Gottfried Federlein, que examinamos cuidadosamente nas páginas anteriores.

Segundo Stenz, o secretário do *Führer* não teria escolhido a peça do compositor americano por mera casualidade. O nome do músico aludia a Deus (em alemão, *Gott*) e ao castelo (Friedland), embora não explicasse o que Deus tinha a ver com essa história. Como sabemos, na partitura também aparecia uma anotação aparentemente sem sentido: "Wo Matthias die Saiten Streichelt" ("Onde Matthias acaricia as cordas"), a qual ele interpretou como um novo sinal de que o tesouro estaria debaixo da biblioteca de um antigo proprietário do castelo, Matthias Gallas, exatamente o lugar onde existia um espaço vazio, um vão, em que o Salão teria sido escondido.

◆ Castelo de Friedland. Segundo os pesquisadores, um tesouro nazista poderia estar escondido no interior de alguns dos recintos secretos localizados nesse castelo tcheco.

A falta de qualquer tipo de prova objetiva levou os investigadores a aventar novas hipóteses, mas com um caráter puramente especulativo. Alguns enfocaram o problema levando em conta a forma como agiram os nazistas em casos similares, suspeitando, assim, da presença do Salão em alguma mina ou galeria subterrânea, como de fato aconteceu com quase todos os tesouros e obras de arte espoliados pelos nazistas durante a Segunda Guerra Mundial. Falou-se de uma série de minas abandonadas, localizadas na Prússia Oriental, que bem podiam ser o lugar escolhido pelos nazistas para esconder suas riquezas.

De acordo com uma variante dessa hipótese, o tesouro está enterrado em uma mina de sal que explodiu justamente quando alguns pesquisadores iam iniciar sua busca.

Finalmente, Peter Haustein, um deputado alemão que durante anos procurou o destino final do tesouro, conseguiu encontrar alguns documentos de um antigo oficial da Luftwaffe que informavam sobre sua localização em uma mina subterrânea situada em Deutschnedorf, perto da fronteira tcheca, onde estaria junto com um grande número de obras e joias valiosas. Logo se espalhou o boato sobre a existência de uma série de armadilhas e bombas instaladas pelos nazistas a fim de evitar que o mistério fosse facilmente revelado. E não é só: a existência do Salão estaria relacionada com uma velha lenda que tornaria sua busca ainda mais interessante.

Dizem que o rei da Prússia, antes de enviar esse magnífico presente ao czar russo, instalou no Salão uma autêntica relíquia: uma espécie de globo de ouro que emitia uma luz dourada e que, como bom objeto de poder, era capaz de identificar qualquer tipo de ameaça para seus donos. O mais surpreendente é que a luz mudava de intensidade dependendo do nível de ameaça que pairava sobre seu possuidor e alguns dias antes do ataque dos nazistas o brilho adquiriu uma tonalidade roxo-avermelhada. Sem dúvida, os poderes desses objetos chamaram a atenção dos alemães, sobretudo de Himmler, que desde então fez o que pôde para possuí-los.

Se pusermos de parte histórias tão fantásticas e alucinantes, a única coisa certa é que a enorme quantidade desse âmbar ainda não apareceu. Assim, qualquer hipótese sobre sua localização deve ser levada em conta, embora o mais provável seja que foi fragmentada, talvez em milhares de pedaços, e se ache em mãos de gente que, em sua maioria, nem sequer pode imaginar uma origem tão maravilhosa.

O TESOURO DO LAGO BAIKAL

Apesar de não estar relacionada diretamente com o nacional-socialismo, não resistimos à tentação de incluir neste livro a história de mais um dos tesouros fantásticos da antiga Rússia czarista.

No início do século XX, a situação na Rússia se caracterizava por uma evidente agitação social provocada pelas múltiplas contradições internas de um Estado em que ainda se combinavam elementos feudais, especialmente no âmbito agrário, e um incipiente desenvolvimento industrial. O Estado czarista, apesar das tímidas tentativas de reforma, mantinha uma estrutura típica do Antigo Regime e parecia incapaz de solucionar os graves problemas de um povo cuja situação se tornou desesperada em consequência da grave crise econômica, mas também das derrotas militares e, finalmente, do acirramento da oposição política, na qual se destacava o partido bolchevique.

A conjunção desses fatores adversos foi determinante para criar um ambiente revolucionário que acabou eclodindo em fevereiro de 1917 e pondo fim ao reinado de Nicolau II, cujo trágico destino marcou o início de uma nova etapa na história da Rússia. Depois da queda do último Romanov, implantou-se uma república burguesa e formou-se um governo provisório em que teve papel importante Alexander Kerensky, do Partido Socialista Revolucionário, o qual ordenou manter a família imperial em prisão domiciliar.

◆ Nicolau II da Rússia e sua família. Em 1918, o czar Nicolau II da Rússia e o restante de sua numerosa família foram brutalmente assassinados por ordem de Lênin. Algumas das filhas do czar, entre elas Anastásia, morreram feridas a baioneta, sofrendo uma terrível agonia.

Apesar do empenho do novo governo, as dificuldades da Rússia não pareciam ter fácil solução e foi nesse contexto que ocorreu o triunfo dos bolcheviques dirigidos por Lênin, com quem se acabaria impondo pela primeira vez a ditadura do proletariado, seguida pelo início da Guerra Civil em que as forças da oposição enfrentaram o temido Exército Vermelho bolchevique, dirigido por Trotsky. Alheio ao horror causado pelo início do conflito, Nicolau II passava os últimos momentos de sua vida com a família e alguns empregados leais, sendo todos constantemente torturados pelos membros mais radicais da prisão de Ecaterimburgo, até acabarem brutalmente assassinados por ordem de Lênin no dia 18 de julho de 1918.

Após a matança protagonizada pelos homens do Exército Vermelho (o próprio czar viu com seus próprios olhos as filhas serem selvagemente massacradas a golpes de baioneta pelos comunistas), as forças contrarrevolucionárias decidiram esconder o tesouro dos czares em um lugar seguro para financiar com ele a criação de um novo e mais forte Império Russo. À frente dessa operação se pôs o prestigioso almirante Aleksandr Kolchak, que não demorou muito a provar seu valor organizando uma expedição com seus melhores homens, os quais recolheram boa parte das riquezas da Rússia imperial a fim de levá-las até a cidade de Irkutsk, perto do lago Baikal. De lá, seguiria para leste e alcançaria as costas do Pacífico, onde o ouro dos czares iria, enfim, descansar em segurança.

Mas os homens de Kolchak jamais poderiam prever a assombrosa aventura em que se converteu sua longa e penosa viagem por um dos terrenos mais hostis do nosso planeta. Durante muitos meses, os soldados do Exército Branco se viram obrigados a avançar lentamente pelas terras geladas do interior russo, suportando temperaturas que às vezes chegavam a 45 graus abaixo de zero, enquanto faziam todo o possível para atravessar os densos bosques da taiga siberiana e superar as colossais montanhas graníticas que se interpunham em seu caminho.

A isso se juntava a pressão contínua dos exércitos bolcheviques, muito superiores em número. Kolchak se viu então obrigado a ordenar que o comboio do tesouro ficasse o tempo todo protegido pelas unidades mais aguerridas da cavalaria czarista, a qual teve de se esforçar para repelir os contínuos ataques do Exército Vermelho até chegar totalmente exausta à cidade de Omsk, onde fez seu último sacrifício ao conter o brutal ataque das forças comunistas. Enquanto isso, seus homens levavam o magnífico tesouro, composto por milhares de caixas e sacos repletos de ouro e pedras preciosas, para um dos trens da Transiberiana, a grande linha ferroviária russa de mais de 9 mil quilômetros de extensão que ligava Moscou à distante Vladivostok.

◆ Lago Baikal.

Rapidamente, os homens de Kolchak entraram em ação, procurando evitar a implacável perseguição do exército soviético, mas essa longa jornada não ia ser nada simples porque, nos últimos meses, a força dos exércitos contrarrevolucionários estava diminuindo em consequência das suspeitas alimentadas pelas facções que o compunham. Por sua vez, a influência do Exército Vermelho aumentava e impunha sua vontade praticamente a todo o território russo. As unidades antibolcheviques tinham consciência de sua manifesta inferioridade e sabiam que sua única chance seria atravessar o lago Baikal para se estabelecer em território neutro, longe da influência comunista.

Desse modo, iniciou-se uma corrida épica entre os inimigos da revolução e seus perseguidores. Uma vez ou outra, o trem foi vítima dos reiterados ataques da cavalaria cossaca, mas a determinação de seus defensores, conscientes de que lutavam pela própria sobrevivência, fez crer que no final se produziria um milagre. Já ao longe podiam avistar as águas geladas do Baikal, mas, infelizmente, os soldados do

Exército Vermelho se adiantaram e conseguiram destruir o barco *Ankara*, uma gigantesca balsa utilizada até então para transportar lentamente os trens da Transiberiana até a outra margem do lago. Conscientes do perigo em que se encontravam e do quão perto haviam chegado de seu objetivo, os contrarrevolucionários decidiram arriscar tudo. Em vez de reduzir a marcha, puseram a locomotiva a toda velocidade com a intenção de atravessar o Baikal percorrendo uma estreita via que, mais parecida a um desfiladeiro vertiginoso, bordejava suas margens.

Foi então que ocorreu a catástrofe, pois a estrutura da via não pôde resistir ao peso do trem que corria rumo à sua perdição: ele imediatamente descarrilou no meio de uma ponte e se precipitou nas águas geladas de um lago que, desde esse momento, se converteu em sua tumba.

Aqui, cabe perguntar qual foi o destino do enorme tesouro que supostamente viajava nas entranhas desse trem da rede transiberiana. Parte dele foi recuperada pelos soldados bolcheviques e levada imediatamente à cidade de Kazan, mas o resto se perdeu irremediavelmente sob as águas do Baikal, cuja profundidade se estima em 1.680 metros, o que tornou impossível qualquer tentativa de recuperar essa enorme riqueza, valorizada pela *National Geographic* em mais de 20 milhões de dólares.

Durante muitos anos, o regime comunista fez o possível para obter alguma pista sobre a localização do grande tesouro perdido da Rússia czarista. Porém, todas as suas tentativas se revelaram infrutíferas, a tal ponto que a história do grande butim começou a se confundir com a lenda. O tempo passou e já nada parecia recordar os trágicos acontecimentos produzidos naquela região inóspita, nem mesmo para os turistas da Transiberiana que cada vez com mais frequência apareciam por lá a fim de desfrutar a sublime paisagem do lago. No ano de 2010, o batiscafo russo Mir 2 assombrou o mundo, especialmente os caçadores de tesouros, quando, depois de uma imersão para medir a profundidade do Baikal, informou que com certeza havia entrevisto o que pareciam ser os restos de uns antigos vagões, corroídos pelo tempo. Isso imediatamente atiçou a imaginação daqueles que, ainda hoje, continuam sonhando com a descoberta de um novo tesouro perdido.

O TESOURO DO GENERAL YAMASHITA

O principal aliado que os nazistas tiveram na tentativa de conquistar o mundo, dados os desastres e a incompetência que os italianos demonstraram durante o conflito, foi o Japão imperial. Assim como aconteceu na Europa, os japoneses instauraram um regime de terror que pouco ficou devendo ao imposto pelos nazistas nos territórios por eles conquistados. Imbuídos de uma ideologia nacionalista extrema, os japoneses logo se viram na necessidade de conquistar um grande império para emular as grandes nações ocidentais, que na ocasião sangravam nos intermináveis campos de batalha do Velho Continente. Em todo o mundo, a liberdade parecia condenada à extinção, ameaçada pelo monstro de um nacionalismo agressivo que buscava na doutrinação das massas a melhor ferramenta para preservar os privilégios de uma classe endinheirada (algo que se deveria levar em consideração em alguns lugares muito próximos de nós).

De volta ao Extremo Oriente, ali também surgiram histórias sobre a possível ocultação de tesouros por parte dos japoneses, tal como vimos na Alemanha, pouco antes da rendição do Império do Sol Nascente, em setembro de 1945. O mais importante seria o do general Tomoyuki Yamashita, o Tigre da Malásia. Para poder compreender esse relato, que muitos consideraram uma mera lenda urbana, temos que retroceder no tempo, mais exatamente ao ano de 1895, em que o Japão inicia seu processo de expansão territorial no Sudeste Asiático.

◆ O general Tomoyuki Yamashita.

A partir desse momento, os japoneses se espalharam pela península da Coreia, pela Manchúria e, mais tarde, pelas Filipinas e Malásia, chegando a vencer em 1905 o gigante russo, algo que evidenciava as carências e as crises dos antigos impérios europeus, tal como se tornou patente uns anos antes, quando em 1898 os Estados Unidos arrebataram Cuba (assim como as Filipinas) ao decadente Império Espanhol. Esses eram alguns de seus mais queridos territórios, na época considerados parte da metrópole, e por isso o país europeu mergulhou em uma profunda depressão, da qual ainda não se recuperou.

Sucedeu que, nos países ocupados pelo Império do Sol Nascente, foi realizada uma pilhagem sistemática, não apenas de matérias-primas, mas também de todas as riquezas ao alcance do invasor, especialmente obras de arte, joias e ouro. A pilhagem foi tal que chegou a institucionalizar-se, porque imediatamente se criou uma organização, o Lírio Dourado, dirigida a partir da própria casa imperial, para administrar todas as riquezas que em grande quantidade começaram a chegar ao Japão e eram utilizadas pelo Estado e o exército para financiar as numerosas campanhas militares do jovem império. Sua atividade se multiplicou quando o Japão decidiu participar da Segunda Guerra Mundial depois de seu ataque à base naval dos Estados Unidos em Pearl Harbor. Desde então, milhares de toneladas de ouro e pedras preciosas foram caindo nas mãos dos japoneses, após a conquista das Filipinas, Birmânia, Malásia, Singapura, Indonésia, Vietnã, Laos, Camboja e Tailândia. Quase todo esse ouro tinha uma função muito específica: cobrir os enormes gastos provocados pelo início da guerra e seu enfrentamento com a todo-poderosa marinha de guerra norte-americana.

Apesar dos êxitos iniciais, os japoneses nada puderam fazer para dobrar os Estados Unidos que, pouco a pouco e aproveitando sua indiscutível hegemonia industrial e econômica, conseguiram encurralar os orientais. Em 1943, sua frota interrompeu a navegação entre as Filipinas e o Japão, obrigando os japoneses a esconder o enorme butim que haviam reunido, mas não podiam mais levar para sua pátria. O território escolhido para ocultar todas essas riquezas foram as Filipinas, comandadas desde 1944 pelo general Yamashita, um estranho e violento personagem que a partir desse momento se relacionará com um grande tesouro. Sabe-se que logo os japoneses começaram a escavar túneis e câmaras sob a antiga cidadela de Manila. E não é só isso. Parece que guardaram o enorme butim, avaliado em bilhões de dólares, em numerosos esconderijos situados em algumas das 7 mil ilhas de que se compõe o arquipélago.

Ao norte de Manila, em um planalto perto de Luzón, alargaram umas inóspitas cavernas naturais para poder esconder um tesouro formado por lingotes de ouro, diamantes, esmeraldas e rubis. Na época, o final da guerra e a derrota do Japão pareciam próximos, por isso Yamashita ordenou que se multiplicassem os esforços e convocou milhares de operários transformados em mão de obra escrava para acelerar os trabalhos antes do desembarque dos americanos na antiga colônia espanhola. O general japonês não podia deixar nenhum rastro dessa colossal obra de engenharia e, assim, ordenou enterrar vivos todos os escravos, junto com alguns prisioneiros de guerra ocidentais e, inclusive, os técnicos e engenheiros japoneses que participaram da escavação.

No plano militar, o general japonês chegou a derrotar repetidas vezes McArthur, provocando a ira do comandante-chefe americano, que não perdeu a chance de se vingar depois do conflito. Isso só aconteceu com a derrota incondicional dos japoneses, após o famigerado ataque nuclear contra as populações de Hiroshima e Nagasaki. Depois de se render com suas tropas, Yamashita foi submetido a julgamento e acusado de crimes de guerra, especialmente durante a Batalha de Manila, que causou o número assustador de 100 mil mortes. O julgamento decorreu com inusitada rapidez, sem dúvida devido ao interesse de McArthur em satisfazer sua sede de vingança, e finalmente o general japonês foi declarado culpado e enforcado no galho de uma árvore perto da cidade filipina de Madri. A partir desse momento, a lembrança da possível existência do tesouro referido começou a se diluir entre as brumas da história, de modo que muitos passaram a considerá-lo uma simples invenção. No entanto, alguns fatos relacionados a esse estranho episódio parecem indicar que, por trás da lenda, existe uma história verdadeira.

O primeiro deles foi o interesse do ditador filipino Ferdinando Marcos, que desde o primeiro momento contou com a ajuda dos Estados Unidos, em apreender uma parte do tesouro para custear sua guerra contra as milícias comunistas que ameaçavam tomar o poder, em um outro episódio da Guerra Fria na qual se confrontaram URSS e Estados Unidos após a Segunda Guerra Mundial.

Outro elemento que nos convida a pensar na possível existência desse enorme butim é o testemunho de várias pessoas que confirmaram a ocultação de milhares de barras de ouro em diversos esconderijos espalhados pelo vasto arquipélago filipino. Não devemos estranhar que, a partir de 1960, inúmeros caçadores de fortunas começassem a chegar ao país asiático para tentar a sorte. Em 1970, por outro lado, o famoso caçador de tesouros Rogelio Roxas afirmou ter descoberto em Baguio a espetacular escultura de um buda de ouro maciço com quase 1 metro de altura. Por coincidência, esse lugar, considerado a capital turística filipina, foi aquele em que Yamashita se refugiou após a queda de Manila e, portanto, o mais apropriado para esconder todas as riquezas que ainda guardava e que não podia levar para o Japão.

Mas a história não termina aí. Como dissemos, o general japonês não cometeu a imprudência de esconder todo o seu tesouro em um só lugar: fez isso em muitos. As pessoas mais ponderadas apontam a presença de 150 pequenos esconderijos, sobre os quais ele não deixou informações para evitar sua descoberta. Curiosamente, em novembro de 2002, uma pessoa morreu na ilha de Cebú quando escavava um túnel em busca de um possível tesouro. Mas isso não desencorajou uma infinidade de aventureiros que começaram a rastrear e a vistoriar a grande rede de túneis escavados pelos japoneses nas ilhas como forma de reforçar as defesas da colônia. Para seu desespero, a maioria deles, cega pelo desejo de encontrar riquezas deslumbrantes no fim desses túneis, encontrou apenas umas caixas de munições, às vezes acompanhadas de esqueletos decompostos que refletiam o horror vivido naqueles distantes e malditos dias.

Na atualidade, são poucos os que põem em dúvida a existência do tesouro de Yamashita. Um dos lugares onde está concentrada a maior parte das investigações é Bacuit Bay, uma encantadora ilha filipina onde, segundo a lenda, o general japonês escondeu uma enorme riqueza que ainda não foi encontrada.

CAPÍTULO 9

Em Busca do Tesouro Visigodo

A DESTRUIÇÃO DO TEMPLO DE JERUSALÉM

Em 1937, os nazistas já tinham conseguido implantar seu regime de terror na Alemanha. Os campos de concentração começaram a se encher com todos aqueles que haviam cometido a imprudência de denunciar os abusos perpetrados pelos nacional-socialistas desde sua chegada ao poder, quatro anos antes. As outras potências europeias finalmente entendiam que a Alemanha se convertera em um Estado policial, com novos corpos de segurança como a SS e a Gestapo, cuja missão era estabelecer um regime autoritário para silenciar qualquer tipo de oposição e crítica.

Antes de se lançar à conquista do mundo e construir o império ariano de mil anos, era necessário homogeneizar a sociedade alemã. Assim, o sistema educativo e os meios de comunicação foram caindo em poder dos nazistas, que levaram a cabo um processo de doutrinamento da sociedade alemã com base na crença de pertencerem a uma raça superior. Dessa forma, uma de suas principais preocupações foi a continuidade de uma pureza racial a ser mantida ao longo dos séculos e cuja sobrevivência só se tornaria possível caso a influência perniciosa dos judeus fosse eliminada antes. Isso os levou a promulgar as vergonhosas

Leis de Nuremberg que, entre outras coisas, excluíam os judeus da cidadania alemã.

Para conseguir a hegemonia europeia, os nazistas precisavam não só impor essa homogeneização social de que falamos como também iniciar uma política armamentista para reforçar um exército que ficara definitivamente debilitado como consequência da imposição do Tratado de Versalhes, logo após a Primeira Guerra Mundial. Outro objetivo dos nazistas foi estabelecer um regime de alianças para não ficarem isolados em um hipotético conflito contra os franceses e os ingleses, o que os levou a estreitar relações diplomáticas com a Itália de Mussolini e também com o Japão, além de se envolver na Guerra Civil espanhola a fim de garantir o apoio de Franco na futura contenda.

Em 1937, os alemães acompanhavam com atenção o que ocorria em uma Espanha fraturada pela guerra e pelos extremismos ideológicos e políticos. Ao mesmo tempo, o *Führer* ordenava a Heinrich Himmler que fosse à Itália para reforçar ainda mais as relações da Alemanha com o ditador italiano e, assim, garantir seu apoio nas iminentes reivindicações territoriais que os nazistas estavam prestes a fazer à Tchecoslováquia e à Áustria. Como o intrépido leitor adivinhará, nosso conhecido Himmler não perdeu a oportunidade de investigar outro mistério que, sem dúvida, o assombrava: a descoberta do tesouro perdido dos visigodos, o qual podia incluir os objetos de culto mais importantes da religião judaica. Em 1937, o *Reichsführer SS* viajou até a cidade de Cosenza, onde, aparentemente, estava a tumba perdida do rei visigodo Alarico I, o Velho, personagem que ele admirava por considerá-lo, como não poderia deixar de ser, um legítimo representante da raça ariana. O que pretendia encontrar Himmler na tumba de um chefe bárbaro, sepultado naquela pequena cidade italiana no século V d.C.?

Para poder compreender a natureza do enorme tesouro que talvez esteja escondido na tumba perdida de Alarico, o Velho, os arqueólogos e historiadores se viram obrigados a retroceder no tempo: mais especificamente, ao ano de 66 d.C., quando os romanos, cansados da atitude desafiadora da irrequieta província da Judeia, enviaram um poderoso exército, composto de quatro legiões, para acabar com a resistência dos judeus. Depois de uma longa campanha, o exército comandado pelo futuro imperador Tito pôs cerco à cidade de Jerusalém no início do ano 70 com a intenção de privar os defensores do acesso à água e a qualquer tipo de suprimentos. Os planos de Tito começaram a funcionar e em maio a situação dos sitiados ficou desesperadora. Nesse momento, os romanos tentaram tomar a cidade de assalto. Seu objetivo era destruir a recém-construída Terceira Muralha, utilizando suas armas de artilharia e um grande aríete que, não sem esforço, conseguiu abrir uma brecha na muralha. O ímpeto romano parecia irrefreável e já nada os impedia de lançar um ataque para quebrar a resistência dos bravos defensores dessa cidade sagrada. Com grande violência, os confrontos entre legionários e zelotes chegaram às próprias ruas de Jerusalém, mas, devido à sua inferioridade, os judeus foram forçados a se retirar para o Templo, onde poderiam oferecer uma resistência mais sólida.

◆ *Cerco e Destruição de Jerusalém*, por David Roberts (1850).

◆ Detalhe dos altos-relevos do Arco de Tito.

A situação era grave, mas o final da luta não parecia próximo porque os judeus continuavam mantendo a fortaleza Antônia, defendida pelos leais guardas zelotes. Apesar de seu empenho em conservar suas últimas posições livres da presença romana, os zelotes não puderam evitar sua queda depois

de sofrer um ataque surpresa por parte dos legionários que, aproveitando a escuridão da noite, assassinaram os defensores enquanto eles dormiam confiados na segurança daquele sólido baluarte. A fortaleza Antônia se converteu, então, no ponto de partida de onde os homens de Tito dirigiram seus ataques ao último reduto dos zelotes, o monte do Templo. Para lá foram arrastados os últimos aríetes do exército imperial, mas quase todos acabaram destruídos, o que elevou a moral dos judeus, ainda confiantes em uma vitória improvável sobre as armas romanas. Seu sonho não durou muito, porque, depois de um novo ataque da infantaria inimiga, as paredes do Templo se incendiaram, provocando a destruição total do edifício no final de agosto desse mesmo ano. Alguns dos sobreviventes conseguiram escapar por túneis subterrâneos desconhecidos pelos romanos, enquanto outros, os mais exaltados, se dirigiram para a parte alta de Jerusalém a fim de resistir até o último homem.

Os romanos tomaram a cidade, mas muito poucos, nem sequer os mais otimistas, poderiam prever o enorme butim que o destino lhes tinha reservado, quando finalmente entraram no até então luxuoso Templo de Jerusalém.

Ao menos para essa ocasião, temos a sorte de contar com informações de primeira mão sobre o que realmente encontraram os homens de Roma quando, atordoados, penetraram no edifício sagrado. Uma das testemunhas que presenciaram esses acontecimentos foi o historiador judeu Flávio Josefo, graças a cujos escritos podemos conhecer as características e a própria natureza do butim capturado pelos legionários. Lemos no Livro VI da *Guerra dos Judeus*: "Entre a grande quantidade de despojos, os mais notáveis eram os que foram achados no Templo de Jerusalém, a mesa de ouro que pesava vários talentos e o candelabro de ouro". Temos que supor, com base na informação transmitida por Flávio Josefo, que entre os objetos mais importantes do grande tesouro judeu confiscado no ano 70 d.C. podia estar o candelabro de sete braços ou a célebre Mesa dos Pães da Presença,[3] que muitos identificaram com a Mesa de Salomão.

---

3   Ou Mesa dos Pães da Proposição. (N. do T.)

Essa informação de Josefo me pareceu incrível, mas eu nem sequer podia imaginar que, em posteriores investigações, conseguiria corroborar, mediante o estudo dos restos arqueológicos situados na cidade de Roma, as palavras transmitidas pelo historiador judeu. Foi quando tive a oportunidade de observar os altos-relevos do arco de Tito, um belo edifício comemorativo situado na plataforma ocupada pelo Templo de Vênus e Roma na capital imperial. O arco foi erigido depois da morte de Tito, tal como se vê pelo título de *divus* atribuído ao imperador e pelas imagens que narram sua apoteose. Entretanto, o mais importante para mim foi o conjunto de baixos-relevos que representam o triunfo de Tito sobre os judeus e o transporte de um espetacular butim que fez parte do desfile triunfal protagonizado pelo exército romano após a submissão da província da Judeia. Entre todas as riquezas se destaca claramente, a um dos cantos do arco, um candelabro de sete braços, o que confirma minha crença na chegada do tesouro do templo à cidade de Roma, no século I d.C.

Após a queda de Jerusalém, e uma vez nas mãos dos legionários, esses objetos de poder (tão almejados muitos séculos depois pelos setores mais ocultistas da SS), junto com o resto do butim, foram levados ao porto de Cesareia e permaneceram durante um ano no interior de um dos templos dedicados ao divino imperador. De lá, seguiram para Roma e, posteriormente, foram depositados no Templo da Paz, uma espécie de museu com uma coleção de obras de arte e objetos de culto que foram o orgulho da cidade de Roma e de seu imperador Vespasiano. Mais tarde, o tesouro dos judeus foi para o Templo de Júpiter Capitolino e em seguida para os palácios imperiais, onde testemunhou o progressivo declínio que a partir do século III d.C. abalou o anteriormente poderoso Império Romano. Essa crise foi se acentuando com o passar dos anos até que finalmente, no alvorecer do século V, ocorreu o inevitável.

"INTRABIS IN URBEM". A QUEDA DE ROMA

No século IV, a situação era desesperadora para os romanos. A crise econômica e a forte instabilidade política geraram um ambiente de insegurança que foi aproveitado pelos povos inimigos de Roma para cair sobre um império cujas intermináveis fronteiras apenas podiam ser protegidas por umas poucas legiões agora cercadas pelo incontrolável avanço dos bárbaros.

Incapaz de resolver o problema, Roma tentou deter os ataques desses povos fazendo pactos com alguns deles para defender seu território. Em 332, o imperador Constantino assinou um tratado que concedia aos godos o *status* de federados de Roma. Sua intenção era conter os ataques das hordas germânicas na fronteira danubiana e em parte o conseguiu porque os anos seguintes foram de relativa segurança. Mas isso resultou no início de um processo de germanização do mundo romano.

Alguns anos mais tarde, aconteceu algo de transcendental importância para compreendermos a posterior veneração que essa tribo devotou às relíquias judaico-cristãs. Durante o século IV, Úlfilas transmitiu aos visigodos um cristianismo de tendências arianas, de modo que, em 395 d.C., data da proclamação de Alarico como líder dos visigodos, esse povo já se encontrava parcialmente romanizado e cristianizado.

No mesmo ano morria o grande imperador Teodósio, cuja última vontade foi dividir o império entre seus dois filhos: Honório, que ficou com a parte ocidental, e Arcádio, a quem coube a oriental. O mundo romano estava em uma situação crítica, fracionado e acossado em consequência de uma rivalidade que não tardou a surgir entre os dois irmãos. Ciente desses conflitos, o visigodo Alarico tratou de aproveitar ao máximo a situação e começou a pressionar o imperador do Ocidente para que ele lhe outorgasse uma terra onde pudesse se estabelecer. Após uma história de encontros e desencontros, de paixões e vinganças, de lealdades e traições, chegou-se ao ano de 410, em que o caudilho germânico, cansado das tergiversações de Honório, decidiu atacar a cidade de Roma e saquear seus tesouros. Durante seis dias de triste memória, os romanos se viram submetidos a todo tipo de atrocidades. Nada parecia saciar a sede de riquezas e violência dos visigodos que, segundo o historiador Jordanes, encheram seus carros, arcas e alforjes até transbordarem. Outro historiador do mundo antigo, Procópio de Cesareia, deixou em seu *Livro das Guerras V* uma nova pista que nos permite corroborar a crença de que, efetivamente, as riquezas do Templo de Jerusalém, junto com o resto do tesouro do Estado romano, foram tomadas pelos visigodos após o saque da cidade no ano de 410:

> Alarico, o Velho, em tempos anteriores, tomou tudo como butim quando conquistou Roma. Entre essas riquezas estavam também os tesouros de Salomão, o rei dos hebreus [...] a maioria das peças era adornada com esmeraldas e tudo havia sido trazido de Jerusalém.

Embriagado de otimismo, Alarico começou a ruminar a ideia de fazer-se rei de um novo império germânico com capital em Roma, mas, para isso, devia antes se dirigir para o sul e garantir o controle das estratégicas províncias norte-africanas, fundamentais para controlar o fornecimento de trigo à cidade. Seguido por hostes poderosas que confiavam cegamente em seu chefe, os visigodos se puseram novamente a caminho, sem imaginar que a fatalidade logo iria desabar sobre eles: quando chegaram à localidade de Cosenza, que todos consideravam mais uma presa fácil do caudilho visigodo, ocorreu a morte do grande Alarico em estranhas circunstâncias.

◆ A morte de Alarico (Leutemann, 1895). Alarico reuniu um impressionante butim após saquear Roma em 410. Foi enterrado junto com um tesouro espetacular em uma tumba ainda não descoberta.

    Muito se escreveu sobre isso. Alguns acreditam que ele morreu afogado quando seu barco afundou no norte da África, onde inspecionava o terreno a fim de preparar uma futura invasão. Também se chegou a dizer que Alarico fingiu a própria morte com o propósito de salvar seu povo de possíveis represálias por parte do revitalizado exército romano, em castigo das afrontas sofridas pelos habitantes do império. Apesar de todas essas interpretações, a hipótese mais plausível é de que Alarico morreu de doença, provavelmente de malária; em 410, teria sucumbido à febre e às convulsões para ocupar, a partir de então, um lugar destacado na história do povo visigodo, como um digno herói que lutou para oferecer à sua gente uma terra onde assentar-se.

A TUMBA PERDIDA DE ALARICO, O VELHO

Esmagados pela dor, os guerreiros bárbaros fizeram o possível para evitar que o corpo sem vida de seu amado rei caísse nas mãos dos romanos. Milhares de escravos foram conduzidos, sem saber que destino os aguardava, até o leito do rio Busento. Viram-se, então, obrigados a executar um trabalho desgastante para produzir uma autêntica obra de engenharia que lhes permitiu desviar o leito do rio mediante a construção de uma série de canais e seus correspondentes muros de contenção.

Uma vez terminada a obra, os exaustos trabalhadores conseguiram cavar uma enorme fossa no leito do Busento, onde, finalmente, puderam instalar o sepulcro do rei, acompanhado por um aparato funerário dos mais ricos de todos os tempos. Imediatamente, os muros de contenção foram retirados e o rio ocupou de novo seu leito, ocultando para sempre o lugar de repouso de Alarico. Mas o pior ainda estava por vir. A fim de evitar que alguém caísse na tentação de revelar o lugar exato da tumba, os visigodos passaram a fio de espada todos os que participaram de sua construção: um ato dantesco que serviu de epílogo à vida desse caudilho ilustre, embora polêmico.

Para o estudo da trajetória histórica de alguns dos tesouros que ainda permanecem ocultos, não é frequente o historiador contar com a quantidade de dados como a que está à nossa disposição para tentarmos localizar o local exato da tumba de Alarico. O principal problema é, no entanto, determinar a natureza do aparato funerário com que o rei foi sepultado. Acreditei ter descoberto a resposta para esse enigma enquanto me informava para a redação do meu primeiro livro, *El nombre de Dios, el enigma de la mesa de Salomón* [O Nome de Deus, o Enigma da Mesa de Salomão], onde coletei todas as pistas que me permitiram sugerir a hipótese da provável chegada à Espanha desse poderoso objeto de culto da religião hebraica. Tal como pude comprovar, o povo visigodo sempre esteve acompanhado por dois tesouros. Um deles era o tesouro sagrado, constituído pelos principais objetos religiosos, os mais intimamente relacionados com a divindade, que por sua natureza pertenciam à nação visigótica e sempre acompanharam o povo godo aonde quer que fosse. O outro era o tesouro real, pertencente à monarquia e de que o rei podia dispor livremente quando considerasse oportuno; uma parte dele deve ter sido sepultada em sua tumba sob as águas do rio Busento no ano 410, o que em princípio excluiria as relíquias confiscadas pelos romanos depois da conquista de Jerusalém em 70 d.C.

Apesar de tudo, não poucos acreditam que a tumba esconde objetos como a Mesa dos Pães da Presença, para eles a autêntica mesa do rei Salomão, e o candelabro de sete braços. E há quem pense até que, sob as águas do rio Busento, pode estar a Arca da Aliança. Entre eles não faltaram os membros da organização nazista da Ahnenerbe que, comandados pelo sinistro *Reichsführer SS*, Heinrich Himmler, viajaram até a Itália para descobrir o lugar de repouso do poderoso herói germânico (e também as toneladas de ouro que compunham parte de seu aparato funerário). A paranoia racial de Himmler e seus sequazes desempenhou igualmente um papel importante no interesse dos nacional-socialistas por encontrar a tumba de um herói germânico de sangue ariano, o mesmo sangue que corria, segundo eles, nas veias dos autênticos alemães que não tiveram a má sorte de contaminar-se ao contato com raças "inferiores". Indubitavelmente, a escavação da tumba nem chegou a ser cogitada; a guerra estava a ponto de eclodir e temos de supor que Hitler já estava começando a ficar cansado dos delírios de Himmler, o qual investia esforços demais em empreendimentos que, para o *Führer*, nada tinham a ver com sua missão de conquistar o mundo.

◆ Cosenza. Não existe dúvida alguma sobre a localização do tesouro de Alarico nessa pequena localidade da Itália meridional. A ponte de Alarico marca o lugar onde um dia foi enterrado o rei visigodo, acompanhado por um indescritível aparato funerário.

Na atualidade, o descobrimento da tumba perdida de Alarico se transformou em uma autêntica obsessão. Pouco a pouco, foram aparecendo pesquisadores na pitoresca cidade de Cosenza, onde a história nos deu uma pequena dica para nos ajudar a compreender o que de fato aconteceu naqueles distantes e esquecidos dias. Lá, ainda é preservada uma memória material que evocaria esse emocionante episódio histórico, pois, entre as igrejas de São Paulo e São Francisco de Paula, é possível encontrar uma ponte sobre o Busento sob a qual se diz que estaria a tumba. O nome da ponte, como não poderia deixar de ser, é Alarico.

CAPÍTULO 10

♦

Nazistas nas Canárias

OPERAÇÃO VILA WINTER

Em 2014, o FBI resolveu assombrar o mundo liberando alguns documentos relacionados a operações de espionagem executadas durante a Segunda Guerra Mundial. Entre esses papéis, dois chamaram a atenção na Espanha porque se referiam à atividade dos nazistas nas ilhas Canárias, pelas quais tinham grande interesse.

O primeiro aventava a possibilidade de Hitler não ter morrido, como de fato aconteceu, no *bunker* da Chancelaria do Reich em abril de 1945. Segundo esse documento, o *Führer* chegou a Fuerteventura, fazendo escala em sua fuga para a Argentina, onde teria sido visto em mais de uma ocasião durante seus últimos anos de vida. O outro dado importante falava do temor dos militares americanos devido à suspeita de que os nazistas estivessem instalando uma base secreta na ilha para desfechar futuros ataques contra a costa atlântica dos Estados Unidos, utilizando seus temíveis foguetes V2. Os alemães, é claro, ainda não haviam aperfeiçoado uma tecnologia capaz de alcançar o país norte-americano a partir das Canárias, mas estudos recentes permitiram comprovar que as pesquisas dos especialistas nazistas em tecnologia militar estavam muito mais avançadas do que até o momento se supunha. Assim, era mera questão de tempo para Von Braun conseguir um sistema com mísseis de alta capacidade destrutiva e longo alcance.

◆ Vila Winter. Durante muitos anos, considerou-se essa vila um lugar onde os nazistas planejaram a instalação de uma base de submarinos alemães nas Canárias, para atacar os navios aliados que sulcavam as águas do Atlântico.

Essas notícias, divulgadas pelos documentos liberados do FBI, coincidiam com os testemunhos de várias pessoas que presenciaram a insólita atividade dos alemães na Espanha, antes do final da guerra. Algumas trabalharam para os nazistas na construção de enormes depósitos de combustível situados nos subterrâneos da Vila Winter, no município de Cofete, em Fuerteventura. Uma delas era um pedreiro que acabou passando a seu amigo Miguel Rodríguez Ruiz uma informação surpreendente. Segundo o operário, Gustav Winter estaria construindo debaixo de sua casa grandes depósitos reforçados com paredes de até 3 metros de espessura. Não havia como duvidar dessa informação, pois ele próprio havia trabalhado nessa construção.

Os anos passaram e, quando praticamente ninguém se lembrava mais do que acontecera na formosa ilha, Miguel Ruiz, filho do consignatário de navios a quem o pedreiro dera a informação, surpreendeu seus vizinhos ao anunciar a publicação de um livro biográfico sobre seu pai. Nele, finalmente, se relatariam os acontecimentos protagonizados pelos nazistas, que culminaram na construção de um laboratório onde seriam testadas armas secretas para ganhar uma guerra que já parecia irremediavelmente perdida. Também anunciou que seu pai havia presenciado a transferência de umas estranhas caixas contendo material desconhecido da Alemanha para a Vila Winter; nelas, havia uma espécie de bússola cuja utilidade ele ignorava.

Tais movimentos não passaram despercebidos aos americanos, e isso explica a vigilância a que a vila foi submetida por parte de aviões de reconhecimento aliados, um dos quais se perdeu enquanto sobrevoava a ilha em busca de informações sobre as atividades nazistas e o desenvolvimento das armas terríveis com as quais os alemães pretendiam mudar o curso da guerra. O acontecido nas Canárias é apenas uma amostra do que os alemães fizeram antes de 1945, quando aperfeiçoaram todos os tipos de armas com a intenção de atacar um inimigo prestes a se converter na potência hegemônica do mundo.

A ORIGEM ARIANA DOS GUANCHES

O interesse dos nazistas pelas Ilhas Afortunadas antecede em muito o início da guerra. Como já dissemos, a crença em uma suposta superioridade racial dos arianos era apenas um delírio baseado em teorias irracionais, sem nenhuma base científica. Ainda assim, os cientistas e expedicionários do regime tentaram encontrar pistas de uma raça superior realizando as mais tresloucadas pesquisas, que os levaram a examinar o folclore, as lendas e os restos arqueológicos de vários povos e culturas situados nos lugares mais insuspeitos. Dessa forma, os homens da Ahnenerbe programaram viagens incríveis por meio mundo. Inspirados por tamanha loucura, um grupo de cientistas ligados à SS voltou seus olhos para as Canárias, onde foram buscar as origens remotas da raça ariana. O que mais os atraía era a possível relação dos aborígines canarinos, os guanches, com os últimos sobreviventes da mítica civilização atlante, tema de uma vasta bibliografia em língua alemã por parte de todo tipo de pesquisadores que haviam ido ao local a fim de estudar as primeiras referências aos costumes de um povo que bem poderia ser visto como a lembrança viva de uma idade do ouro desaparecida.

Como puderam comprovar, as primeiras notícias eram anteriores à conquista das ilhas pelos espanhóis, no século XV. Segundo Giovanni Boccaccio, um marinheiro genovês chamado Nicoloso da Recco já havia chegado àquelas latitudes no ano de 1341 e conhecido ali uma cultura com alto grau de refinamento, cuja notável evolução social, religiosa e espiritual não parecia corresponder às limitações impostas por um meio pouco favorável e de escassos recursos. As descrições de Boccaccio sem dúvida entusiasmaram os cientistas raciais nazistas, disso não podemos duvidar, pois, em seus escritos, ele diz que os guanches eram criaturas esbeltas, altas, loiras e de olhos azuis. Os primeiros relatos foram corroborados por novos cronistas e historiadores de data mais tardia, que começaram a visitar as ilhas com assiduidade a partir do século XV.

As características físicas dos guanches animaram os seguidores das teorias raciais alemãs porque se adequavam perfeitamente ao protótipo do homem ariano aceito, entre outros, por Heinrich Himmler e os membros de sua Ordem Negra. Por isso, pretendeu-se atribuir aos guanches uma origem centro-europeia e eles chegaram a ser considerados os ancestrais distantes dos homens cantados nas sagas e mitos germânicos. Nisso acreditou o jornalista e viajante Franz von Löcher, um escritor que chegou às Canárias por sugestão do rei bávaro Luís II, em 1873, com o objetivo de recolher informações que depois divulgou em sua obra *Os Povos Germânicos nas Ilhas Canárias*, publicada em 1886. Nela, advoga a origem germânica das populações guanches, cujo nome viria de *wandeches* (vândalos). Segundo ele, os vândalos ocuparam o norte da África e a cidade de Cartago em fins do século V, após derrotar os romanos, mas poucos anos depois os bizantinos comandados pelo general Belisário conseguiram expulsá-los do território. Então, um pequeno grupo de sobreviventes foi obrigado a empreender uma longa e penosa marcha para o sul até que alguns deles se estabeleceram no Marrocos e outros nas ilhas Canárias, onde lograram impor-se graças à sua superioridade racial e cultural.

◆ Escultura idealizada de um guanche, do escultor José Abad, em Candelaria, Canárias. Os nacionalistas alemães, obcecados por encontrar os rastros dos arianos primitivos, planejaram uma expedição às ilhas Canárias para investigar os traços físicos dos guanches pré-hispânicos.

Mas então como os antigos guanches decaíram tanto até se converter naquilo que os castelhanos encontraram muitos séculos depois? Como não poderia deixar de ser, os motivos dessa decadência só podiam ser explicados pela insidiosa influência de outras raças e crenças perniciosas. Essas teses foram acolhidas no momento em que o nacionalismo pangermanista e a ariosofia se impunham na Alemanha, sendo então de supor que as crenças aventadas por Löchner chegaram aos ouvidos de alguns dos homens mais poderosos do nazismo, como Alfred Rosenberg. Algo parecido ocorreu sem dúvida com as ideias do historiador da pré-história Gustav Kossina, que propôs a existência de grandes ondas migratórias de povos arianos a partir do terceiro milênio antes de Cristo, as quais deram origem às culturas védica, zoroastriana, megalítica e grega, até alcançar a parte mais ocidental da África e, obviamente, as Canárias.

Nesse contexto, as pesquisas dos especialistas em raça alemães se multiplicaram desde o início do século XX. É o caso de Eugen Fischer, um antropólogo físico interessado no estudo dos traços dos aborígines canarinos e cuja obra deve ter sido utilizada pelo próprio Hitler na redação de seu *Mein Kampf.* Em *Problemas Antropológicos das Canárias*, ele aponta os traços faciais dos guanches, com pômulos salientes e nariz um pouco achatado, para chegar à conclusão de que a raça *Cro-Magnon* sobreviveu entre as populações autóctones das ilhas, claramente distintas das mediterrâneas. O prestígio daquele que depois foi o primeiro reitor nazista da Universidade de Berlim não tardou a disseminar-se e influenciou decisivamente autores como o etnólogo austríaco Josef Dominik Wölfel, que chegou às Canárias em 1932 para encontrar semelhanças filológicas entre as culturas guanche e nórdica. Para Wölfel, o estudo das formas culturais, sociais e artísticas dos aborígines canarinos era imprescindível para se compreender a natureza divina da raça ariana.

Essa crença foi compartilhada pela antropóloga física Ilse Schwidetzky, que na década de 1950 se dedicou ao estudo dos restos de ossos de origem guanche conservados nos museus canarinos. Na juventude, Ilse chegou a colaborar com o nazismo, publicando artigos em revistas de inspiração antissemita e racista como a *Zeitschrift für Rassenkunde*, de Stuttgart. Como vemos, não foram poucos os que demonstraram interesse pelo estudo da tipologia racial dos aborígines canarinos, sempre com o objetivo de relacioná-los ao homem ideal de tipo ariano. O novo Reich, sustentado por uma ideologia atroz, precisava reescrever a história, idealizando o passado de uma Germânia que tinha sido o lar de seres superiores, decaídos com o passar do tempo. O mais importante para os grupos ocultistas ariosóficos era encontrar vestígios de sua raça perdida, não sendo, pois, de estranhar a presença de expedições nazistas (não confirmadas historicamente) a um lugar associado, além disso, à mítica civilização da Atlântida.

Assim, a escritora Heather Pringle mencionava, em *The Master Plan*, uma possível expedição às Canárias organizada pela Ahnenerbe, mas que não se concretizou em consequência, outra vez, do início da Segunda Guerra Mundial. Herman Wirth, um dos fundadores da Sociedade Ancestral e de quem já falamos, considerava as Canárias a parte visível do limite meridional do continente perdido; ali, achava o alemão, poderiam ser detectadas as pistas de um passado de tradição megalítica e da adoração de uma deusa-mãe, aspectos compartilhados por outras culturas de origem atlante.

Uma nova expedição às Canárias parecia necessária a fim de comprovar essas teorias, e Wolfram Sievers se pôs então em campo atrás de fundos para enviar até lá Otto Huth, um desumano especialista em ciência religiosa que, entre outras coisas, chamara de enorme tragédia a introdução do cristianismo após a conquista espanhola, por considerar essa religião (tal como Heinrich

Himmler) a causa da decadência da raça ariana em zonas de tradição germânica. Uma vez nas Canárias, os expedicionários deveriam estudar os costumes religiosos dos guanches, além dos ossos não só dos mortos, mas também dos vivos, o que nos traz à memória a atividade de Bruno Beger no Tibete. Por sorte dos felizes habitantes das Ilhas Afortunadas, a expedição, programada para o outono de 1939, foi finalmente cancelada devido ao início do conflito, no dia 1º de setembro. Essa história parecia ter chegado ao fim, mas nos últimos anos a publicação de um novo livro, *A Vida Secreta de Franco*, dos autores David Zurdo e Ángel Gutiérrez, trouxe de novo à luz um tema amplamente debatido: a presença dos homens da SS nas Canárias para encontrar não apenas os vestígios desse passado distante, mas também um tesouro verdadeiro, de natureza desconhecida.

O ENIGMA DO DESPENHADEIRO DE BADAJOZ

Esta nova narrativa, relacionada à existência de um tesouro perdido dos nazistas, tem uma historicidade difícil de comprovar, já que precisamos nos contentar com as declarações de uma idosa aos autores do livro *A Vida Secreta de Franco*. Segundo ela, quando menina, foi requisitada para alegrar as reuniões de um grupo de oficiais nazistas, tocando piano em um edifício do centro da capital espanhola. Ali, não era raro a garota observar importantes membros do partido debatendo acaloradamente e falando sobre todo tipo de operações militares ou políticas, inclusive as decisões mais controvertidas de seu governo. Devemos supor que essas reuniões fossem de fato importantes, pois, segundo a velha senhora, entre os presentes não era raro encontrar personagens do nível de Joachim von Ribbentrop, ministro das Relações Exteriores, o chefe da Inteligência Militar, Wilhelm Canaris, cujo nome já mencionamos ao falar da Operação Trombetas de Jericó, e até Albert Speer, o grande amigo e arquiteto pessoal de Adolf Hitler.

Esses poderosos membros do Partido Nazista nem podiam imaginar o pequeno segredo que a menina guardava. Embora parecesse totalmente abstraída e concentrada no piano, ela não perdia um detalhe sequer de tudo quanto se dizia nas reuniões, mas os alemães não o percebiam, pois ignoravam que a garota havia aprendido sua língua da avó austríaca. Em um dos encontros, ela ouviu uma conversa que a deixou perplexa: alguns oficiais falavam da existência de um tesouro nas ilhas Canárias. Tal como relatou mais tarde, os nazistas chegaram a mencionar uma expedição organizada para recuperar esse tesouro e que contaria com um submarino encarregado de deslocar-se até a zona a fim de realizar a tarefa. Essa história coincidia com o testemunho de vários moradores de Tenerife que asseguraram lembrar-se da visita de vários oficiais nazistas, principalmente da SS, a Güimar, antes do início do conflito em 1939. A nova explicação foi estudada por David Heylen Campos: em suas palavras, por volta de 1960, aconteceu algo insólito em um local considerado sagrado pelos habitantes ancestrais das ilhas Canárias por ser um centro de poder, onde os guanches celebraram estranhos rituais associados às suas crenças milenares. Referimo-nos ao despenhadeiro de Badajoz, situado a pouca distância da localidade de Güimar, em Tenerife, um sítio praticamente inacessível e coberto de densas florestas que obrigavam o visitante a arrastar-se por uma pequena senda até chegar a uma gruta profunda na montanha, que podia esconder grandes segredos.

Nesse ano, um cidadão alemão chegou a Güimar para empreender algumas pesquisas cuja finalidade não foi revelada até muito tempo depois. Passou os primeiros dias vagando pela localidade e em seguida se dirigiu a um homem que trabalhava na manutenção dos canais de água situados no "sinistro" despenhadeiro de Badajoz. O alemão logo lhe mostrou uma espécie de mapa do vale, no qual se viam sete sinais estranhos sem ordem aparente, mas que pareciam indicar o local onde poderia estar oculto um tesouro perdido, relacionado aos antigos guanches.

Seguindo uma estrada estreita que partia da cidade, andaram até o despenhadeiro para iniciar uma exaustiva, mas pouco frutífera busca dos sinais gravados no mapa. Encontraram apenas um, em um ponto de difícil acesso, onde se viam as seguintes letras: A. V. O. e A. V. P., que continuam lá para satisfazer a curiosidade dos poucos turistas frequentadores da área. Do resto dos sinais, nunca mais se soube, embora, como imaginará o leitor, não sejam poucos os que vão até lá para tentar resolver o enigma. Dele, só podemos dizer mais que Heylen chega a propor a possibilidade de os homens de Hitler terem descoberto novas pistas relacionadas às marcas do mapa, o que permite rastrear a origem desta história até a década de 1920. Na época, os alemães mantinham dois sanatórios em Güimar, embora já se tenha pensado que isso seria apenas uma desculpa para encobrir outra das excentricidades mencionadas ao longo deste livro, que vai chegando ao fim. Segundo Heylen, o que de fato importava para os homens da SS era investigar supostas visões da cidade de cristal que, às vezes, podia ser observada no despenhadeiro, mas só quando uma espessa camada de neblina cobria o lugar.

◆ Despenhadeiro de Badajoz. O relevo escarpado e quase inacessível desse despenhadeiro esconde muitos mistérios. Os habitantes locais afirmam que, em uma gruta desconhecida, talvez se esconda o fabuloso tesouro de um chefe guanche.

Segundo José Gregorio González, a presença alemã na zona estaria relacionada a essa suposta expedição que os nazistas programaram para encontrar um tesouro perdido. As declarações dadas por essas testemunhas, coincidentes com a informação transmitida pela jovem pianista que alegrava as reuniões dos oficiais nazistas em Madri, já citavam a presença de militares alemães em Güimar. Eles haviam se deslocado até o despenhadeiro de Badajoz para procurar ansiosamente certas marcas nas encostas do local e também uma das muitas galerias subterrâneas situadas sob seus pés, ocultas pela densa vegetação. Nas palavras do pesquisador canarino, não se pode ignorar, embora isso talvez pareça incrível, o interesse dos nazistas em demonstrar a existência de mundos subterrâneos, nos quais tanto acreditavam. As tradições populares, aliás, afirmam que em algumas dessas grutas de difícil acesso estaria a morada de um mítico caudilho guanche, onde monarcas como Bencomo descansariam em paz, rodeados de tesouros espetaculares.

Epílogo

Nem todos os pesquisadores alemães interessados em resolver os mistérios e enigmas de nosso passado foram atraídos pelo nazismo. Alguns, como Walter Horn, preferiram fugir do país para se colocar a serviço dos que estavam dispostos a combater as forças de um mal prestes a estender-se por toda a Europa.

Horn nasceu na cidade alemã de Waldangelloch a 18 de janeiro de 1908. De sua juventude, sabemos muito pouco, apenas que estudou História da Arte nas universidades de Heidelberg e Berlim, obtendo seu doutorado em 1934, quando então fugiu da Alemanha por não concordar com o recém-inaugurado regime de terror nacional-socialista. Escapando à repressão e ao extremismo ideológico, trabalhou no Instituto Alemão para o Estudo da História da Arte, em Florença, mas em 1938 transferiu-se definitivamente para os Estados Unidos, onde iniciou um longo e frutífero relacionamento com a Universidade da Califórnia. Apesar da estabilidade que conseguiu em seu novo destino, não hesitou em alistar-se no exército americano para lutar contra aquilo que mais odiava: o nazismo. Nos momentos finais do conflito, vemos o tenente Horn servindo sob as ordens do general Patton, que utilizou o alemão perfeito de seu subordinado para interrogar os prisioneiros de guerra capturados pelo exército americano em sua marcha irrefreável rumo à Alemanha.

Só no final do conflito ocorreram os principais acontecimentos que elevaram Horn à condição de herói. Mesmo após a rendição incondicional da Alemanha, o exército americano continuou recorrendo aos serviços do professor por muitos anos. Encarregou-o da missão de investigar e descobrir os lugares onde os alemães haviam escondido relíquias, joias e obras de arte, iniciando-se, assim, sua colaboração com os homens e mulheres do Programa de Monumentos, Arte e Arquivos, mais conhecidos como *Monuments Men*.

A origem desse grupo, formado por cerca de quatrocentos homens e mulheres cuja missão era proteger os monumentos históricos e as obras de arte da destruição provocada pelo conflito, é anterior à entrada dos Estados Unidos na Segunda Guerra Mundial. Francis Henry Taylor, diretor do Museu de Arte Metropolitano, conseguiu conscientizar o governo americano da necessidade de preservar a arte europeia e impedir o saque que o decadente regime nazista estava empreendendo. Graças a seu esforço, conseguiu a aprovação do presidente Franklin D. Roosevelt e da Comissão Americana para a Proteção e Salvaguarda dos Monumentos Artísticos e Históricos em Áreas de Guerra, a 23 de junho de 1943, que, por fim, se transformou na unidade Monumentos, Arte e Arquivos, formada por uma equipe multinacional de especialistas em Arqueologia e História da Arte. Essa equipe, em 1945, iniciou seu trabalho de localizar o impressionante número de mil tesouros perdidos, com milhões de obras de arte, relíquias e objetos de culto roubados de museus, coleções particulares e de judeus ricos, antes que fossem brutalmente assassinados nos campos de extermínio.

Sabemos que alguns dos membros mais arrojados do grupo foram para a linha de frente, com risco de perder a própria vida, a fim de avaliar os danos infligidos aos monumentos históricos e até preparar trabalhos de restauração para evitar prejuízos maiores. Nesse contexto, alguns historiadores, sem apresentar provas documentais concretas, pretendem situar Walter Horn recuperando a Lança do Destino por ordem de Patton, no mesmo dia 30 de abril de 1945 em que Hitler decidia pôr fim à própria vida com um tiro na cabeça, dentro do *bunker* da Chancelaria do Reich.

O trabalho dos *Monuments Men* não terminou após o fim da contenda: durante os seis anos seguintes, eles continuaram vasculhando antigas minas abandonadas da Europa, castelos distantes e até as entranhas de algumas cidades totalmente devastadas por intensos bombardeios, em uma operação que se assemelhava a uma corrida contra o relógio protagonizada por esses detetives da história. Assim, conseguiram encontrar vários esconderijos repletos de riquezas espetaculares e iniciaram um minucioso trabalho de catalogação e transporte, quando as circunstâncias o permitiam, até os lugares de onde tinham sido roubados. Calcula-se em mais de mil o número de depósitos com objetos artísticos, culturais e religiosos que os aliados encontraram desde março de 1945, alguns deles magníficos, como o de Berchtesgaden, Alemanha, quando a 101ª Divisão Aerotransportada achou centenas de pinturas e esculturas espoliadas por ordem de Göring. Não menos impressionante foi a descoberta, em Breitenworbis, de quatro ataúdes que continham os restos mortais de prestigiosos líderes alemães, como Frederico II, o Grande, e Paul von Hindenburg. Em Merkers, também na Alemanha, os homens de Patton encontraram boa parte do ouro do Reichsbank; e, no complexo subterrâneo com cerca de 138 túneis da mina de sal de Altaussee, na Áustria, um depósito onde os nazistas haviam escondido cerca de 7 mil pinturas e esculturas, entre elas a *Madona de Bruges*, de Michelangelo, o *Políptico da Adoração do Cordeiro Místico*, de Jan van Eyck, roubado em Gant, e *O Astrônomo*, do mestre da luz, Vermeer. Essas obras, certamente, iriam integrar o acervo do frustrado museu pessoal de Hitler, o *Führermuseum*, depois da guerra.

Voltando a Walter Horn, o intrépido professor, cabe dizer que conseguiu um êxito memorável ao recuperar, em 1946, a coroa e várias joias pertencentes ao imperador Carlos Magno. Diz-se que Horn foi o personagem de carne e osso em quem se inspirou George Lucas para criar o famoso arqueólogo de ficção Indiana Jones, pois, como ele, o professor de História da Arte continuou dando aulas em sua universidade enquanto se requeriam seus serviços para resgatar objetos roubados pelos nazistas em anos anteriores. Da mesma forma, chegou a ser acusado injustamente de agir contra os interesses dos Estados Unidos durante a caça às bruxas ordenada pelo senador McCarthy, no contexto da Guerra Fria, mas isso não o impediu de prosseguir em seu brilhante trabalho acadêmico como eminente especialista em arte e, sobretudo, arquitetura medieval.

Em 1958, publicou um de seus mais abalizados artigos, "On the Origins of the Medieval Bay System" ["Sobre as Origens do Sistema de Naves Medieval"], na revista *Journal of the Society of Architectural Historians*, onde se mostra convicto de que o plano das igrejas medievais e sua disposição em naves deriva dos edifícios germânicos. Entretanto, seu projeto mais ambicioso foi *The Plan of St. Gall* [O Plano Arquitetônico de St. Gall], em que relaciona a estrutura arquitetônica do mosteiro carolíngio às formas de vida dos monges desse importante centro religioso medieval. Walter Horn foi um erudito competente e um intelectual de prestígio, mas isso não o impediu de tornar-se um homem de ação. Percorreu os campos de batalha de uma Europa devastada pela guerra, colocando suas inúmeras virtudes a serviço da cultura e da ciência. Também não traiu seus princípios ideológicos: denunciou primeiro os nazistas e, mais tarde, aqueles que queriam privar de liberdade a sociedade americana, com a desculpa do medo às ditaduras comunistas que se consolidaram, primeiro na URSS, e, depois de 1945, nos países da Europa Oriental.

Em seu gabinete na Universidade da Califórnia, acompanhou com atenção as tentativas de toda uma geração nova de aventureiros empenhados em uma busca que até hoje não chegou ao fim. Muitos tesouros e objetos de culto desapareceram após seis longos anos de guerra terrível. Muitos foram encontrados, mas outros continuam esperando pacientemente o momento oportuno de se dar a conhecer.

Aguardam um novo e intrépido pesquisador que consiga localizar seus rastros.

Bibliografia

Alonso López, Javier. *Salomón. Entre el mito y la realidad.* Madri: Oberón, 2002.

Arias, Juan. *La Biblia y sus secretos.* Barcelona: Editorial Punto de Lectura, 2007.

Arroyo Durán, Fernando. *Codex Templi, los misterios de los templarios a la luz de la historia y la tradición.* Madri: Aguilar, 2005.

Baigent, Michael; Leigh, Richard e Lincoln, Henry. *El enigma sagrado.* Barcelona: Ediciones Martínez Roca, 1986.

Callejo Cabo, Jesús. *Secretos medievales. De la mesa de Salomón a las máquinas de Leonardo.* Madri: Temas de Hoy, 2006.

Carmona, José Ignacio. *Santa María de Melque y el tesoro de Salomón.* Toledo: Los Libros del Olivo, 2014.

Cebrián, Juan Antonio e Cardeñosa, Bruno. *Enigma. De las pirámides de Egipto al asesinato de Kennedy.* Madri: Temas de Hoy, 2005.

Eslava Galán, Juan. *Los templarios y otros enigmas medievales.* Barcelona: Planeta, 1992.

Feliciano, Héctor. *El museo desaparecido*. Madri: Ediciones Destino, 2004.

Filón de Alejandría. *Obras completas*. Madri: Editorial Trotta, 2009.

Fernández Bueno, Lorenzo. *Templarios, nazis y objetos sagrados*. Barcelona: Luciérnaga, 2016.

Fernández Urresti, Mariano. *Crónica negra del Grial*. Barcelona: Aguilar, 2016.

Finkelstein, Israel e Silberman, Neil Asher. *La Biblia desenterrada*. Madrid: Siglo XXI Editores, 2003.

García Blanco, Javier. *Templarios en España*. Madri: Editorial América Ibérica, 2012.

Ginzberg, Louis. *Legends of the Jews*. Filadélfia: The Jewish Publication Society of America, 1909.

González de Canales, Fernando, *et al*. "Tarsis y la monarquía unificada de Israel", em *Gerión, Revista de Historia Antigua*, 2008.

González Ruiz, David. *Breve historia de las leyendas medievales*. Madri: Ediciones Nowtilus, 2010.

Gregorio González, José. *Enigmas del cristianismo*. Madri: Ediciones Nowtilus, 2006.

Guénon, René. *Esoterismo cristiano: Dante. El Grial. Los templarios*. Barcelona: Obelisco, 1990.

Guijarro Tirado, Josep. *El tesoro oculto de los templarios*. Barcelona: Martínez Roca, 2001.

Hancock, Graham. *Símbolo y señal*. Madri: Martínez Roca, 2006.

Herradón, Óscar. *La orden negra. El ejército pagano del Tercer Reich*. Madri: Edaf, 2011.

Hodge, Stephen. *Los manuscritos del Mar Muerto. Su descubrimiento, origen, significado e interpretación*. Madri: Edaf, 2006.

Josefo, Flavio. *Antigüedades judías*. Madri: Akal, 1997.

Lamy, Michel. *La otra historia de los templarios*. Barcelona: Martínez Roca, 1999.

Lesta, José. *El enigma nazi, el secreto esotérico del III Reich*. Madri: Editorial Edaf, 2010.

Martínez-Pinna, Javier. *El nombre de Dios*. Madri: Ediciones Nowtilus, 2014.

_____. *Grandes tesoros ocultos*. Madri: Ediciones Nowtilus, 2015.

_____. *Operación trompetas de Jericó*. Madri: Ediciones Nowtilus, 2015.

Partiff, Tudor. *El Arca de la Alianza. La apasionante historia de cómo se encontró el Arca Perdida*. Barcelona: Planeta, 2008.

Sayce, A. H. *Fresh Light from the Ancient Monuments*. Londres: Religious Tract Society, 1884.

Shaw, Ian. *Historia del Antiguo Egipto*. Madri: La Esfera de los Libros, 2007.

Agradecimentos

Quero agradecer e dedicar este livro a todos aqueles que inspiraram meu trabalho. Em primeiro lugar, a Isabel López--Ayllón, com a qual sempre estarei em débito por ela ter confiado em mim desde o começo. Também a toda a equipe da Nowtilus por ter tornado este projeto realidade. Nestas páginas, quero dirigir algumas palavras de gratidão àqueles que me deram a oportunidade de colaborar em revistas como *National Geographic Historia* (Jesús Villanueva López), *Muy Historia* (Palma Lagunilla), *Vive la Historia* (Cristina Fernández) e, especialmente, *El Octavo Sabio* (Helena Olmo) e *Clío Historia* (María Lorente), com quem tenho o prazer de trabalhar habitualmente.

Este livro não teria sido possível sem a influência de excelentes autores cujas obras me ajudaram a entender certos fatos estranhos e enigmáticos protagonizados pelos homens da SS. As pesquisas de Óscar Herradón foram imprescindíveis para eu seguir a pista dos mais prestigiosos exploradores da Ahnenerbe em suas viagens pelo mundo em busca das origens da raça ariana. Mariano Fernández Urresti, Lorenzo Fernández Bueno e Manuel Jesús Segado Uceda mostraram magistralmente, em suas obras, o empenho dos nazistas em lançar mão de alguns dos grandes objetos de poder, como o Graal ou a Arca da Aliança. O trabalho de Héctor Feliciano também foi importante para a avaliação de quanto os alemães pilharam nos países europeus até ser finalmente derrotados em 1945. José Gregorio González me abriu o caminho para pesquisar quais foram as atividades dos nazistas nas Ilhas Canárias.

Desejo, é claro, agradecer a meus amigos Óscar Fábrega Calahorro e Javier Ramos por me terem honrado com seus magníficos prólogos. Agradeço ainda a todos os que conheci nestes últimos anos e que sempre tiveram uma palavra de incentivo para me animar a seguir em frente: José Ignacio Carmona Sánchez, David Benito (de *Ágora Historia*), Tomé Martínez Rodríguez, Alejandro Sánchez, Juan Carlos Pasalodos, Eladio de la Concha, Manuel Cimadevilla, Eva María Corrales, Elena Merino, Miguel Blanco, Jesús Callejo, Carlos Canales, Jesús Ortega, Maribel Díaz, Ángel Almazán e Jordi Fortià (de *Luces en la Oscuridad*).

Por fim, agradeço à minha família, a quem peço perdão por todas as horas que lhes roubei enquanto fazia minhas pesquisas para escrever este livro, especialmente a Ade e minhas filhas Sofía e Elena, as luzes que iluminam meu caminho em um mundo de sombras.